www.ingramcontent.com/pod-product-compliance
Lightning Source LLC
LaVergne TN
LVHW010411070526
838199LV00065B/5944
9789358722017

مکان کی تلاش

(انشائیے)

احمد جمال پاشا

© Taemeer Publications LLC
Makaan ki Talaash *(Humorous Essays)*
by: Ahmad Jamal Pasha
Edition: October '2024
Publisher :
Taemeer Publications LLC (Michigan, USA / Hyderabad, India)

ISBN 978-93-5872-201-7

9 789358 722017

مصنف یا ناشر کی پیشگی اجازت کے بغیر اس کتاب کا کوئی بھی حصہ کسی بھی شکل میں بشمول ویب سائٹ پر اَپ لوڈنگ کے لیے استعمال نہ کیا جائے۔ نیز اس کتاب پر کسی بھی قسم کے تنازع کو نمٹانے کا اختیار صرف حیدرآباد (تلنگانہ) کی عدلیہ کو ہو گا۔

© تعمیر پبلی کیشنز

کتاب	:	مکان کی تلاش (انشائیے)
مصنف	:	احمد جمال پاشا
پروف ریڈنگ / تدوین	:	مکرم نیاز
صنف	:	طنز و مزاح
ناشر	:	تعمیر پبلی کیشنز (حیدرآباد، انڈیا)
سالِ اشاعت	:	۲۰۲۴ء
صفحات	:	۸۸
سرورق ڈیزائن	:	تعمیر ویب ڈیزائن

فہرست

احمد جمال پاشا: اردو کے ممتاز مزاح نگار		6
احمد جمال پاشا کی انشائیہ نگاری	محمد محتشم	7
احمد جمال پاشا کی انشائیہ نگاری	شفیع احمد	20
احمد جمال پاشا کے تعلق سے بھولی بسری یادیں	پروفیسر عبدالبرکات	28
(۱) ادیبوں کی قسمیں	احمد جمال پاشا	45
(۲) یونیورسٹی کے لڑکے	احمد جمال پاشا	55
(۳) دفتر میں نوکری	احمد جمال پاشا	66
(۴) ستم ایجاد کرکٹ اور میں بیچارہ	احمد جمال پاشا	72
(۵) مکان کی تلاش	احمد جمال پاشا	79

احمد جمال پاشا: اردو کے ممتاز مزاح نگار

احمد جمال پاشا، ہندوستان اور پاکستان دونوں ملکوں کے اردو مزاح نگاروں میں ایک ممتاز مقام رکھتے تھے۔ احمد جمال پاشا کا نام اردو میں غیر افسانوی نثر کے حوالے سے تعارف کا محتاج نہیں۔ احمد جمال پاشا نے جب ادبی دنیا میں قدم رکھا تو لوگ انگشت بدنداں ہوگئے۔ بیسویں صدی کی ساتویں دہائی میں احمد جمال پاشا کی تخلیقی صلاحیت اپنے شباب پر تھی۔ کافی تعداد میں ان کی کتابیں زیور طبع سے آراستہ ہو کر منظر عام پر آئیں۔ پاشا کے جو انشائیے ہندوستان و پاکستان کے متعدد رسائل میں شائع ہوتے رہے ان میں 'چیخنا'، 'کچھ تنقید کے بارے میں'، 'بور'، 'ہجرت'، 'بے ترتیبی'، 'شور'، 'اصولوں کی مخالفت میں'، 'چغلی کھانا'، 'تنہائی کی حمایت میں' اور 'کچھ بلبلوں کے سلسلے میں' وغیرہ ہیں۔ مگر اس کے ساتھ ہی ساتھ کچھ ایسے مضامین بھی ملتے ہیں جو مضمون کے زمرے میں شامل ہیں لیکن وہ انشائیے سے قریب ہیں، ان میں انشائیہ کی خصوصیات غالب ہیں اور انہیں بھی انشائیہ میں شامل کیا جاسکتا ہے۔ ان میں مونچھیں، نیا پیسہ، ٹائم ٹیبل، آنی جانی قیامت، ناپسندیدہ لوگ وغیرہ مضمون شامل ہیں۔ احمد جمال پاشا کو انشائیہ کے فن میں مہارت حاصل تھی۔ احمد جمال پاشا جب انشائیہ تخلیق کرتے تھے تو وہ کسی عام موضوع کو لے کر موضوع کا زاویہ بدل کر اس کے اندر چھپے ہوئے پہلوؤں کو اجاگر کرتے۔ زیر نظر کتاب کے ذریعے نہ صرف احمد جمال پاشا کی انشائیہ نگاری سے واقفیت ہوتی ہے بلکہ ان کے فن انشائیہ پر بھی روشنی پڑتی ہے۔

٭٭٭

احمد جمال پاشا کی انشائیہ نگاری

محمد محتشم

ایک بہترین انشائیہ وہ ہے جس میں انشائیہ کے تمام لوازمات یعنی شگفتہ اندازِ بیان، خوب صورت لب ولہجہ، موضوع کا تنوع، غیر رسمی طریق کار، احساسِ عدمِ تکمیل، اختصار وسادگی، فلسفیانہ نکتہ رسی، غزل سا اسلوب وغیرہ کا التزام کیا گیا ہو اور اس میں کوئی ایسا پہلو شامل نہ ہو جو کہ انشائیہ کا بنیادی وصف نہ ہو۔

ایک اچھے انشائیہ نگار کی خوبیوں میں سے صرف یہ نہیں ہے کہ اس کا مطالعہ وسیع، اس کے مشاہدات عمیق اور اس کے تجربات دور رس ہوں بلکہ یہ بھی ہے کہ وہ کس طرح اپنی فنی چابک دستی، لفظی اختصار، غیر منطقی ربط، جدتِ موضوع اور لفظی الٹ پھیر سے عام فہم خیالات کو نادر ونایاب بنا کر قاری کے سامنے پیش کرتا ہے اور اس پر بعید از قیاس ایسی باتوں کا انکشاف کرتا ہے جو کہ اس کے تصور سے بالاتر اور اس کی فکر سے پرے ہوتی ہیں۔ یہی وہ بنیادی خصوصیات ہیں جن کی وجہ سے ایک انشائیہ نگار دوسرے نثر نگاروں سے ممتاز نظر آتا ہے۔

انشائیہ کا مطلب یہ ہرگز بھی نہیں ہے کہ اس میں صرف ہنسی مذاق اور دل بستگی کی ایسی باتیں ہوں جو قاری کو فرحت و سرور اور انبساط تو فراہم کریں لیکن کسی قسم کی دعوتِ فکر اور ذہنی تحریک نہ دے سکیں، اس لیے ضروری ہے کہ تخلیقِ انشائیہ کے وقت

اس کے اعلا مقاصد پر بھی نظر ہو اور ایسی تخلیق پیش کی جائے جس میں طنز کے نشتر اور مزاح کی گدگدی ہو تو اصلاح پذیری کی ہوائیں بھی بہتی ہوں۔

اب اگر آپ ان تمام باتوں کو پیشِ نظر رکھ کر انشائیوں کا گہرائی سے مطالعہ کریں تو آپ سو فی صدی یقین کے ساتھ یہ کہہ سکتے ہیں کہ احمد جمال پاشا اپنے ندرتِ خیال، بعید از قیاس موضوعات کے انتخاب، شاندار اسلوبِ بیان، بہترین طرزِ ادا، مسرت آفریں پہلو اور فنِ انشائیہ کی نزاکتوں، لطافتوں اور باریکیوں کو خوش اسلوبی سے اپنی تخلیقات میں برتنے کی وجہ سے نہ صرف ایک کامیاب انشائیہ نگار بن کر ہمارے سامنے آتے ہیں بلکہ اپنے ہم عصروں میں بھی ایک الگ پہچان اور بلند ترین مقام رکھتے ہیں۔

احمد جمال پاشا کے غالباً سبھی انشائیوں کا موضوع ہمارے روز مرہ کے واقعات اور گرد و پیش کی معمولاتِ زندگی سے ماخوذ ہے اور وہ سماجی کشمکش، معاشرتی عدمِ مساوات، عائلی زندگی، قومی شناخت، ملی تشخص، مذہبی رواداری، تہذیبی تصادم، ثقافتی تنوع، تمدنی نظام، سیاسی گہما گہمی، آپسی رسا کشی اور اخلاقی زوال جیسے موضوعات کو با وقار لب و لہجے اور شائستہ انداز میں اس طرح قلم بند کرتے ہیں کہ سیدھے دل پر ان کی باتیں اثر انداز ہوتی ہیں۔

ان کے انشائیوں میں جہاں ایک طرف اصلاحی، تبلیغی اور اخلاقی پہلو غالب نظر آتا ہے تو وہیں دوسری طرف طنز و مزاح کا عنصر بھی نمایاں نظر آتا ہے یعنی جہاں وہ طنز کے تیر برساتے اور مزاح کے پھول بکھیرتے ہیں تو وہیں معاشرے کی تشکیل کے لیے راہیں بھی ہموار کرتے اور جوانوں کے اندر غیرتِ قومی بھی بیدار کرتے ہیں۔ یہ میں نہیں کہتا بلکہ ڈاکٹر سید معصوم رضا اپنی کتاب 'اردو انشائیہ اور احمد جمال پاشا' میں بہ عنوان 'احمد جمال پاشا کی انشائیہ نگاری کا تجزیاتی مطالعہ' کے تحت لکھتے ہیں:

"ان کے اسلوب میں طنز کا رنگ غالب ملتا ہے۔ انھوں نے کبھی طنز و مزاح کی شاہ راہ کا سفر کیا تو کبھی پگڈنڈی پر چل نکلے۔ یہ پگڈنڈی ہی ان کی انشائیہ نگاری ہے۔ طنز و مزاح اور احمد جمال پاشا ایک دوسرے کے لیے لازم و ملزوم بن چکے تھے۔" (اردو انشائیہ اور احمد جمال پاشا، ص ۱۰۷)

اور دوسری جگہ اصلاحِ معاشرہ کے حوالے سے کہتے ہیں:

"ادب کی اصلاح ان کا محبوب مشغلہ ہے۔ وہ زمانے اور معاشرے کی اصلاح کے لیے جتنا کوشاں رہتے ہیں، اتنا ہی ادب کے معیاری اور اعلا ہونے کے لیے فکر مند رہتے ہیں۔" (ایضاً، ص ۱۲۱)

جوتا ایک حقیر سی شے ہے جس کی طرف عام طور پر اس حوالے سے انسانی ذہن منتقل نہیں ہوتا کہ اس سے بھی تقاضائے وقت کے پیشِ نظر کسی قسم کا کام لیا جا سکتا ہے لیکن یہ بات سچ ہے کہ ہر زمانے میں جوتے کی اپنی اہمیت رہی ہے اور اس سے وقت اور حالات کے تناظر میں مختلف قسم کے کام لیے جاتے رہے ہیں اور آج بھی لیے جا رہے ہیں۔ کبھی وہ کسی کے پاؤں کی زینت بنتا ہے تو کبھی کسی کے سر پر آگرتا ہے۔ کبھی وہ ہماری عظمتِ رفتہ یاد دلا کر ہمیں اشکبار کر دیتا ہے تو کبھی ہمیں اندر سے جھنجھوڑ کر رکھ دیتا ہے، غرض کہ وجود تو ایک ہے لیکن کام اس کے ذمے بہت سارے ہیں۔

احمد جمال پاشا کا تاریخ ساز انشائیہ 'جوتا کانفرنس' جو ان کے مجموعے 'چشمِ حیرت' میں شامل ہے، بہت سی خوبیوں کا جامع ہے، جن میں سے ایک خوبی یہ بھی ہے کہ یہ انشائیہ قاری کا رشتہ ماضی کے اوراقِ گم گشتہ سے جوڑتا ہوا اسے حال کی تشویش ناک دہلیز پہ لا کھڑا کرتا ہے۔

اس انشائیے میں موصوف نے تاریخی اعتبار سے جوتے کی مختلف قسمیں شمار کرتے

ہوئے اسے ایک منفرد نقطۂ نظر سے دیکھنے کی کوشش کی ہے جس سے اس کی وسعتوں کا اندازہ لگایا جاسکتا ہے۔ اس انشائیے کی قرأت کے وقت تاریخ کے بہت سے بند دروازے جوتے کے سہارے قاری کے سامنے کھلتے نظر آتے ہیں۔ کبھی وہ جوتے پر سوار ہو کر ملکِ چین کی تنگ و تاریک، کثیر آبادی والی گلیوں اور پر شکوہ عمارتوں کی سیر کرتا نظر آتا ہے، کبھی وہ اپنے ہاتھوں میں جوتے لیے پناہ گاہ کی تلاش میں چنگیزی تباہیوں کے مہیب سائے میں بھاگتا نظر آتا ہے، کبھی وہ سقراط کی فلسفیانہ باتیں اور منطقی دلائل سمجھنے سے قاصر رہنے کی وجہ سے اپنے سر پر جوتے مارتا نظر آتا ہے، کبھی وہ جوتے اتار کر شیخ سعدی کے بوستاں سے گلِ لالہ ذخیرہ کرتا نظر آتا ہے، کبھی وہ فرعون کے دار السلطنت میں عصائے موسیٰ بن کر دریائے نیل کا کشادہ سینہ چاک کرتا نظر آتا ہے، کبھی وہ ملکۂ وکٹوریہ کے خلاف ہندوستان کی آزادی کے لیے اشفاق و بھگت کی طرح سر پر موت کا کفن باندھے جوتے پہن کر لڑتا کٹتا نظر آتا ہے، کبھی وہ انقلابِ روس کے زمانے میں حامیِ مظلوم بن کر ۱۹۱۷ کی ہلاکت خیز وادیوں میں ان کے حقوق کی بازیابی کے لیے بوسیدہ جوتے پہن کر گلی گلی کی خاک چھانتا نظر آتا ہے، کبھی وہ زمیندارانہ نظام سے تنگ آکر غریبوں کو ان کا بنیادی حق دلانے کے لیے زمینداروں کے خلاف جنگی تدبیریں کرتا نظر آتا ہے، کبھی وہ مزدوروں کا ساتھ دینے کے لیے ترقی پسند تحریک کے بینر تلے شاہانہ جوتے پہن کر ادبی جواہرات بکھیر رہا ہوتا ہے، کبھی وہ پولیس کے فولادی جوتوں کی مار سے ریزہ ریزہ ہو کر بکھر جانے کے باوجود راست گوئی کا پرچم مضبوطی سے تھامے لہرا رہا ہوتا ہے، کبھی وہ قائدینِ وقت کا زر خرید غلام بن کر ان کے اشاروں پر جوتے کھول کر ناچ رہا ہوتا ہے غرض کہ پانچ چھ صفحات کے مختصر سے اس انشائیے میں احمد جمال پاشا نے جس خوبی کے ساتھ ماضی سے اب تک بلکہ کل قیامت تک کی صورتِ حال، حکومتِ وقت کی تاناشاہی

اور اس کے غیر منصفانہ رویے کی وجہ سے سالوں سے ظلم و ستم کی چکی میں پس رہے عوام کی تصویر کشی کی ہے، بڑی مشکل سے کہیں دیکھنے کو ملتی ہے۔

ملاحظہ فرمائیں اس انشائیے کا ایک اقتباس جس میں احمد جمال پاشا نے چنگیز خان کے جوتے کی زبانی اس دور کی ذہنی غلامی، قتل و غارت گری اور احساسِ زیاں کا دل سوز منظر بیان کیا ہے:

"ابھی وہ اپنی بات پوری بھی نہ کر پایا تھا کہ ایک بہت ہی زبردست جوتا کھڑا ہو گیا اور گرج دار آواز میں چلایا "خان! چنگیز خان کا جوتا ہے۔ یہ وہ جوتا ہے جو بڑے بڑے بادشاہوں کے سر پر بھی چل چکا ہے۔" میں نے زمین ہلتی ہوئی محسوس کی۔ چنگیز خان کی فوج اسے روندتی ہوئی گزر رہی تھی۔ گھوڑوں کی ٹاپیں، انسانی چیخیں اور قتل و خون کی تاریخ کی ایک جھلک نگاہوں کو چکا چوند کر گئی۔ اتنے میں ایک نسوانی آواز نے چونکا دیا۔ بہنو! میں سقراط کی بیوی کی سلیپر ہوں۔" (جوتا کانفرنس، ص ۳۸)

یہ اقتباس پڑھ کر شدت سے محسوس ہوتا ہے کہ ایک بار پھر سے وہ خونی منظر ہماری نگاہوں کے سامنے جی اٹھا ہے اور ہم زندگی کی تلاش میں اِدھر اُدھر بھاگے پھر رہے ہیں۔

انشائیے کی ایک اہم خوبی جو انشائیہ کو دوسری اصنافِ ادب سے ممتاز کرتی ہے، اس کا غیر رسمی طریقہ کار ہے وزیر آغا کہتے ہیں:

"ایک چیز جو انشائیہ کو دوسری اصنافِ ادب سے ممیز کرتی ہے، اس کا غیر رسمی طریقِ کار ہے۔ در اصل انشائیہ کے خالق کے پیشِ نظر کوئی ایسا مقصد نہیں ہوتا جس کی تکمیل کے لیے وہ دلائل و براہین سے کام لے اور ناظر کے ذہن میں رد و قبول کے میلانات کو تحریک دینے کی سعی کرے۔"

اس نکتے کو پیشِ نظر رکھ کر احمد جمال پاشا کے انشائیوں کا مطالعہ کریں تو محسوس

ہو گا کہ انشائیہ نگار خود ہمارے سامنے بیٹھا ہوا ہے اور ایک پرانے دوست کی طرح بے تکلف ہو کر ہمارے سامنے اپنے دل کا غبار نکال رہا ہے۔ ان کے یہ اقتباسات ملاحظہ کیجیے، جن میں ان کی فنی چابک دستی اور قلمی مہارت کا زندہ ثبوت دیکھنے کو ملتا ہے نیز یہ کہ وہ کس طرح قاری کو غیر رسمی گفتگو کے ذریعے اپنا گرویدہ بنانے کا ہنر جانتے ہیں:

"جیسے ہی میں نے ایک عجیب قسم کے جوتے کو اٹھایا وہ بولا:

ارے صاحب! یہ آپ کہاں سے ٹپک پڑے، دیکھ نہیں رہے ہیں کہ میں اس وقت تقریر کر رہا ہوں۔ رکھیے، مجھے رکھیے، میں تاریخی 'جوتا کانفرنس' کو خطاب کر رہا ہوں۔"

(ایضاً، ص ۳۸)

"خدا کا شکر ہے کہ اس کو میرے معدے میں جانے والے شہد کی خوشبو نہیں لگی ورنہ بجائے عینک کے لاتعداد چیونٹیاں میرے پیٹ میں اس وقت دوڑ رہی ہوتی۔"

(چیونٹی، ص ۹۴)

اماں، نوکری کر لی؟ لاحول ولا قوۃ!

ارے تم اور نوکری؟

ہائے اچھے بھلے آدمی کو کولھو کے بیل کی طرح دفتر کی کرسی میں جوت دیا گیا۔ اگر کچھ کام وام نہیں کرنا تھا تو کوئی کاروبار کرتے، اس نوکری میں کیا رکھا ہے؟

(دفتر میں نوکری، ص ۱۹۷)

متذکرہ بالا اقتباسات ان کی صاف گوئی اور سادہ کاری کے عکاس ہیں اور ان سے یہ بھی پتہ چلتا ہے کہ آسان لب و لہجے میں اپنی بات کس طرح رکھی جاتی ہے۔ اسی طرح انشائیے کی ایک خوبی یہ ہے کہ انشائیہ نگار ذاتی طور پر کوئی نتیجہ اخذ نہ کرے، نہ ہی کوئی مشورہ دے اور نہ ہی کوئی ٹھوس نقطۂ نظر پیش کر کے انشائیہ کے حسن و جمال کو ضائع اور

قاری کو بور کرے بلکہ اس کا فیصلہ خود قاری کے اپنے زاویۂ فکر پر چھوڑ دے تاکہ وہ اپنے طور پر صحیح یا غلط جو چاہے، نتیجہ اخذ کر سکے اور انشائیہ کے خالق کی فکری جہتوں کو کوئی مناسب سمت دے سکے۔ ان کے لازوال انشائیہ 'چیونٹی' کا یہ اقتباس دیکھیں:

" آج چیونٹیوں پہ میری نگاہ بہت دوڑ رہی ہے پھر میں نے چیونٹیوں کی ایک فوج دیکھی جو ایک مردہ چھپکلی لیے جا رہی ہیں۔ جس طرح جہاز کرین سے اٹھایا جاتا ہے، اسی طرح وہ چھپکلی کو اٹھائے ہوئے ہیں، اس چھپکلی کو جو زندگی بھر انھیں کھاتی رہی۔ آج وہ ان کی دعوت اڑائیں گی۔ دراصل چیونٹیوں کی اس یلغار نے ہی مجھے ان کے بارے میں سوچنے پر مجبور کر دیا تھا۔"

(چیونٹی، ص۹۶)

اگر قاری اس اقتباس کا ٹھنڈے دماغ سے جائزہ لے تو وہ یہ کہہ سکتا ہے کہ وہ چند لمحوں میں حظ، تعجب اور مسرت و شادمانی کی بہت سی منازل طے کر آیا ہے اور اس کے ذہن کے بند دروازوں پہ سوالوں کا ایک اتھاہ سمندر زوروں سے دستک دینے لگا ہے اور قبل اس کے کہ وہ کسی ایک نتیجے پر پہنچ پائے، ایک دوسرا نقطۂ نظر اس کے سامنے سر ابھارنا شروع کر دیتا ہے اور یہ سلسلہ یوں ہی جاری رہتا ہے جب تک کہ وہ سوال و جواب کی رنگ برنگی دنیا سے کوئی مناسب حل تلاش نہ کر لے۔

انشائیہ کی ایک اہم خوبی یہ بھی ہے کہ اس میں شگفتگی ہو تکرار نہ ہو، لب و لہجہ خوب آسان ہو بوجھل نہ ہو۔ شگفتگی اور لب و لہجے کی سادگی و پرکاری کے لیے بندشِ الفاظ یعنی الفاظ کی ایسی نشست و ترتیب اور اس کا برمحل استعمال جس سے لفظی یا معنوی الجھن پیدا نہ ہو، ضروری ہے۔

احمد جمال پاشا کے انشائیوں کا مطالعہ کریں تو آپ یہ کہنے میں حق بہ جانب نظر آئیں

گے کہ انھوں نے کبھی بھی طنز و مزاح کو اپنے مضامین کا خاصہ نہیں بنایا بلکہ ہمیشہ ان کی دور رس نگاہ کا ارتکاز موضوعات کی سنجیدگی اور اصلاحی تقاضے پر رہا ہے۔ اس کا مطلب یہ ہرگز بھی نہیں ہے کہ وہ اپنے مضامین میں طنز و مزاح کا استعمال نہیں کرتے بلکہ وہ ان کا استعمال ضرور کرتے ہیں اور کہیں کہیں تو پوری شدت کے ساتھ کرتے ہیں۔ ان کا انشائیہ 'دفتر میں نوکری' کا یہ اقتباس دیکھیے جہاں پاشا قاری کو ایک لحظہ کے لیے روک کر زندگی کی یکسانیت اور ٹھہراؤ سے اوپر اٹھا کر اپنے ارد گرد کے ماحول کا فلسفیانہ انداز اور حکیمانہ اسلوب میں از سرِ نو جائزہ لینے پر مائل کرتے نظر آتے ہیں۔

"بھئی! آخر تم نوکری کیوں نہیں کرتے؟
نوکری ڈھونڈتے نہیں ہو یا ملتی نہیں؟
ہاں، صاحب! ان دنوں بڑی بے روزگاری ہے۔
بھئی! حرام خوری کی بھی حد ہوتی ہے۔
آخر کب تک گھر بیٹھے ماں باپ کی روٹی توڑتے رہو گے؟
لو اور سنو! کہتے ہیں کہ غلامی نہیں کریں گے۔
میاں صاحب زادے! برسوں جوتیاں گھسنی پڑیں گی تب بھی کوئی ضروری نہیں ہے کہ۔۔۔"

(دفتر میں نوکری، ص ۱۹۶)

انشائیے کی ایک امتیازی خصوصیت یہ بھی ہے کہ اس میں موضوع کی مرکزیت تو قائم رہتی ہے لیکن اس کی مرکزیت کا سہارا لے کر بہت سی ایسی باتیں بھی ضمناً بیان کر دی جاتی ہیں جن کا بہ ظاہر موضوع سے کوئی گہرا تعلق نہیں ہوتا اور جن تک سطحی دلچسپی کے باعث ایک عام قاری کی رسائی بہ آسانی ہو نہیں پاتی۔ زندگی کی ان انوکھی اور تازہ

کیفیات کا احساس دلانے اور اس کے عام مظاہر کے باریک پہلوؤں سے پردہ اٹھا کر قاری کی دلچسپیوں کا مرکز بنانے کے لیے انشائیہ نگار گوناگوں طریقے بروئے کار لاتا ہے۔

ان کے انشائیہ 'دفتر میں نوکری' کا یہ اقتباس ملاحظہ کیجیے جس میں معنی و مفہوم اور تعبیر و تشریح کی ایک انوکھی دنیا آباد نظر آتی ہے:

"اس کے بعد دو ایک دن دفتر میں سوانگ رچایا۔ ایک دن دفتر میں چھٹی کی وجہ یہ بتائی کہ ہمارے افسر مختصر علالت کے بعد آج وفات پا گئے مگر یہ خوش آگیں لمحات بھی مدتِ وصل کی طرح جلد ختم ہو گئے۔ اب کیا کریں؟ اسکول کے زمانے میں ہم نے چھٹی حاصل کرنے کے لیے ایک ایک کر کے تقریباً اپنے پورے خاندان کو موت کے گھاٹ اتار دیا تھا۔"۔

(ایضاً، ص۱۹۹)

اب اگر کوئی عام قاری یہ اقتباس پڑھے تو وہ متن کی حقیقی روح اور انشائیہ نگار کی ذہنی ترنگ اور آوارہ خِرامی تک آسانی سے نہیں پہنچ پائے گا لیکن ایک ذوقِ سخن اور مذاقِ سلیم رکھنے والا باشعور فرد تھوڑی سی ذہنی تفریح اور دماغی مشق و ممارست کے بعد نہ صرف جوہرِ متن اور مقصودِ تحریر تک پہنچ جائے گا بلکہ عبارت کی تہوں میں چھپے بیش قیمت موتی بھی ڈھونڈ لائے گا۔ انشائیہ کی دیگر خصوصیات کی طرح انکشافِ ذات یعنی شخصیت شناسی بھی ایک اہم خصوصیت ہے۔ مطلب یہ کہ اپنی ذات و شخصیت کے پوشیدہ پہلوؤں، خوبیوں اور کارناموں کا اپنی تحریروں میں اظہار کرنا اور یہ اسی وقت ممکن ہو سکتا ہے جب کہ اس کے تجربات کا دائرہ وسیع، مشاہدات کا کینوس لامحدود، محسوسات کی وادیاں عمیق اور ذہن و فکر کی دنیا شاداب و زرخیز ہوں۔ اگر انشائیہ نگار ان خوبیوں سے متصف نہ ہو تو پھر نہ وہ ایک اچھا انشائیہ نگار بن سکتا ہے اور نہ ہی احسن طریقے سے وہ

اپنے خیالات و تفکرات کا اظہار کر سکتا ہے۔

انشائیہ کے اسی پہلو کو مدِ نظر رکھ کر سنجیدگی سے آنے والے یہ دو اقتباسات ملاحظہ فرمائیں جو احمد جمال پاشا کے انشائیہ 'دفتر میں نوکری' سے ماخوذ ہیں:

"اب ہم روزانہ بڑی پابندی سے پورا وقت دفتر میں گزارنے لگے۔ دن دن بھر دفتر کی میز پر رکھے ناولیں پڑھتے، چائے پیتے اور اونگھتے رہتے۔" (ایضاً، ص ۲۰۰)

"خوشی کے مارے ہم پھولے نہ سمائے کہ ہم بھی دنیا میں کسی کام آسکتے ہیں۔ دو صفحے کا مقالہ تیار کرنا تھا جو ہم نے بڑی محنت کے بعد آدھے گھنٹے کے اندر تیار کر دیا۔"

(ایضاً، ص ۲۰۱)

یہ دو مختصر اقتباس اطمینانِ قلب کے ساتھ پڑھیں اور پھر ان کے حالاتِ زندگی خاص طور پر ان کے ادبی اسفار اور علمی خدمات کا جائزہ لیں تو آپ کو یہ جان کر بڑی حیرت ہوگی کہ وہ حقیقت میں اپنی ہی زندگی کے رازِ سربستہ کا مزاحیہ رنگ اور طنزیہ لب و لہجے میں انکشاف کر رہے ہیں اور قاری کو اس بات کا احساس بھی نہیں ہوتا کہ انشائیہ نگار اپنی زندگی کا ایک مقفل دروازہ وا کرنے کی کوشش کر رہا ہے۔ واقعی جس خوب صورتی اور زندہ دلی سے انھوں نے اس صورتِ حال کی مرقع نگاری کی ہے، اس سے نہ صرف عام قاری لطف اندوز ہوتا ہے بلکہ خاص طبقہ بھی محظوظ ہوئے بغیر رہ نہیں سکتا۔

انشائیہ کی ایک اور نمایاں خصوصیت احساسِ شعریت یعنی غزل سا اندازِ بیان اور طرزِ ادا اختیار کرنا ہے۔ مطلب یہ کہ گہری سے گہری بات بھی خوشگوار انداز اور منفرد پیرایۂ اظہار میں اس طرح بیان کر دی جائے کہ قاری کی طبعِ نازک پر گراں بھی نہ گزرے اور مسئلے کا حل بھی نکل آئے۔ اسی نکتے کو حاضرِ دماغ رکھ کر انشائیہ 'جوتا کانفرنس' کا یہ حصہ ملاحظہ کریں اور پاشا کی خداداد قدرتِ بیان اور باکمال طرزِ تحریر کی

رعنائیاں دیکھ کر عش عش کریں:

"اگر آپ لوگ اسی طرح لڑتے رہے تو کام کیسے چلے گا؟

کسی نے بھنا کر غصے میں کہا۔

مگر آپ کون ہوتی ہیں؟

میں۔۔۔ میں سب کچھ ہوتی ہوں۔ میں نہ رہوں تو انتظام کیسے چلے؟ میں سرکار کی جوتی ہوں۔ سرکار ہی کی جوتی کی چلے گی۔ جانتے نہیں! آج کل ہر طرف میں ہی تو چل رہی ہوں۔" (جوتا کانفرنس، ص ۴۰)

ہے تو یہ حقیقت میں معمولی سا ایک سادہ جملہ لیکن وسعتِ معنیٰ اور مفہوم کی گہرائی کی وجہ سے پورے انشائیہ پر حاوی ہے۔ بادی النظر میں آپ دیکھیں تو یہ احساسِ ذمے داری ہوگا کہ جب حکومتِ وقت اپنی رعایا اور شہریوں کی فلاح و بہبود کو لے اتنی فکر مند ہے تو ہمیں بھی ایک وفا شعار شہری بن کر موجودہ حکومت کے رفاہی اور تعمیراتی کاموں میں بڑھ چڑھ کر حصہ لینا چاہیے اور قدم قدم پر حکومت کا ساتھ دینا چاہیے لیکن جب آپ بہ نظرِ غائر پر سکون انداز میں اس کا مطالعہ کریں تو احساسِ زیاں ہوگا کہ حکومت اصل میں امن و شانتی کی تلقین نہیں کر رہی ہے بلکہ اشاروں اور کنایوں میں اپنی طاقت و رسوخ کا اعلان کر رہی ہے اور یہ باور کرانا چاہ رہی ہے۔

انشائیہ کی ایک اور امتیازی خصوصیت اس کا عدم تکمیل یعنی بات کے مکمل نہ ہونے کا احساس ہے۔ انشائیہ کی یہ خصوصیت کافی حد تک وحدتِ تاثر سے جا ملتی ہے۔ جس طرح کہ افسانے کے اس حصے پر پہنچ کر قاری کے ذہن و دماغ میں ایک قسم کی تشنگی باقی رہتی ہے اور افسانہ ختم ہو جانے کے باوجود ادھورے پن کا احساس باقی رہتا ہے، بالکل اسی طرح انشائیہ کے اس حصے میں انشائیہ کے اچانک ختم ہو جانے کی وجہ سے ایسا لگتا ہے کہ

زنجیر کی مختلف کڑیاں جو آپس میں ایک دوسرے سے جڑی ہوئی تھیں، چھن سے ٹوٹ کر بکھر گئیں، جس کی وجہ سے تھوڑی دیر کے لیے قاری کا ذہنی توازن بھی اس کا ساتھ چھوڑ دیتا ہے اور وہ یہ فیصلہ نہیں کر پاتا کہ اب اسے آگے کیا کرنا چاہیے اور کس طرح اس بکھرے خیال کو انجام تک پہنچانا چاہیے۔

خیر! پاشا نے تقریباً اپنے سبھی انشائیوں میں عدمِ تکمیل کے اس پہلو کو اس خوش سلیقگی کے ساتھ برتا ہے کہ قاری خود کو غور و فکر کے بحرِ عمیق میں غوطہ زن پاتا ہے۔ ان کے شاہ کار انشائیہ 'دفتر میں نوکری' کا یہ آخری پیراگراف ملاحظہ کیجیے جہاں عدمِ تکمیل کا عنصر پورے آب و تاب کے ساتھ جلوہ گر ہے اور قاری کو دعوتِ فکر دے رہا ہے:

"شاید آپ پوچھیں کہ ملازمت کر کے ہم نے کیا کھویا اور کیا پایا؟ تو میں عرض کروں گا تو نوکری کھوئی اور دن میں اونگھنے، سونے، ناولیں پڑھنے اور وقت گزاری کی عادت پائی۔ ہمیں اور کیا چاہیے؟" (دفتر میں نوکری، ص ۲۰۳)

اس اقتباس کے اخیر میں ان کا جملہ "ہمیں اور کیا چاہیے" قاری کے ذہن و دماغ میں سوال و جواب کا ایک نیا شگوفہ چھوڑ کر منظر سے غائب ہو جاتا ہے۔

مجموعی طور پر یہ بات کہی جا سکتی ہے کہ پاشا کے انشائیوں میں ادبی لطافت کی چاشنی، زندگی کی رنگا رنگی اور اسلوب کی شگفتگی کے ساتھ معیاری رنگ و آہنگ بھی شامل ہے۔ نیز ان کے انشائیوں میں بذلہ سنجی، برجستگی، واقعات کی تصویر کشی، مناسب الفاظ کا برمحل استعمال، ندرتِ خیال وغیرہ شاندار طریقے سے موجود ہیں جس سے پاشا کی ہمہ گیر شخصیت سامنے آتی ہے۔ یہ بات سچ ہے کہ ان کی ادبی کاوشوں کو مقبولِ عام و خاص بنانے میں ان کے موضوعات کے تنوع کے ساتھ ان کے دلکش اندازِ بیان، شوخ اور شگفتہ طرزِ ادا، مزاحیہ کیفیت کی روانی اور طنزیہ اسلوب کا اہم کردار رہا ہے۔ اس بنا پر یہ کہا جا سکتا

ہے کہ احمد جمال پاشا نے جو بھی لکھا، بہت خوب لکھا۔ ان کی تحریریں ہمیشہ بیمار دلوں کو تازگی، بے قرار روحوں کو شادابی اور ہمارے ہونٹوں پہ تبسم زیرِ لب کی کیفیت پیدا کرتی رہیں گی۔

٭ ٭ ٭

احمد جمال پاشا کی انشائیہ نگاری

شفیع احمد

اردو میں صنف انشائیہ کا وجود نیا نہیں ہے۔ موضوعاتی اعتبار سے اس صنف میں بڑی وسعت اور تنوع پایا جاتا ہے۔ اس میں ذہنی آسودگی بھی ملتی ہے اور زبان کا چٹخارہ بھی۔ کوئی اسے ذہنی ترنگ کا نام دیتا ہے تو کہیں اسے Essay کی دوسری شکل قرار دی جاتی ہے۔ اسی طرح کوئی عہدِ مولانا محمد حسین آزاد سے اس کے ڈانڈے ملاتا ہے تو کوئی اسے خالص مغربی ادب کا زائیدہ بتاتا ہے۔ اس سلسلے میں ایک نکتہ بہت اہم ہے کہ اردو میں انشائی ادب کا وجود پہلے اور اس کے نام کا تعین بہت بعد میں ہوا جس کی بنا پر بہت سے لوگ مغالطے کا شکار ہوئے۔ بہت سے نقاد انشائیے کی ابتدا لفظ "انشائیہ" کے رائج ہونے سے جانتے ہیں۔

انشائیہ عربی لفظ انشا سے بنا ہے جس کے معنی عبارت لکھنا، طرز تحریر یا کوئی بات پیدا کرنا ہوتا ہے۔ مطلب یہ کہ انشائیہ اردو نثر کی ایک غیر افسانوی صنف ہے۔ انگریزی لفظ Light Essay یا Personal Essay کے متبادل کے طور پر اردو میں انشائیہ کا لفظ رائج ہے۔ مختصر یہ کہ انشائیہ میں کسی منصوبہ بند طریقہ سے باضابطہ مواد کو یکجا کر کے اظہار خیال نہیں کیا جاتا بلکہ دل و دماغ پر اثر انداز ہونے والے خیالات کو عبارت کے ذریعے پیش کرنا انشائیہ کے ذیل میں آتا ہے۔ (یہ بھی پڑھیں احمد یوسف بحیثیت رپورتاژ

نگار و خاکہ نگار– شفیع احمد)

اردو ادب کی تاریخ میں صنف انشائیہ کی اہمیت و افادیت سے انکار نہیں کیا جا سکتا۔ یہ حقیقت ہے کہ عہد سرسید میں اس صنف کی بنیاد پڑی لیکن اس عہد کے بعد صنف انشائیہ ایک مکمل صورت میں سامنے آئی۔ رفتہ رفتہ اہل فن نے اس صنف کی طرف رجوع کرنا شروع کیا اور اس کی وسعت پزیری میں اضافہ ہوتا گیا۔ یہ بھی تسلیم شدہ امر ہے کہ اردو ادب کی بعض دوسرے اصناف کی طرح انشائیہ بھی درآمد شدہ صنف ادب ہے۔ انشائیہ نگاروں کی ہر لمحہ یہ کوشش رہی کہ سماج کی کج روی کو اس طرح قارئین ادب کے سامنے پیش کیا جائے کہ وہ انہیں مسکراتے ہوئے تسلیم کرلیں اور اس کے لئے ردعمل کی بھی کوشش کریں۔ لہٰذا اس خیال کو پیش نظر رکھتے ہوئے اردو کے انشائیہ نگاروں نے سیاسی، سماجی، تہذیبی، ثقافتی، معاشی اور تعلیمی مسائل کو انشائیے کا حصہ بنایا۔ ویسے بھی اہل قلم کے آگے کسی طرح کی جغرافیائی حد بندی نہیں ہوتی۔ سارے جہاں کا غم وہ اپنے دل میں سمیٹے ہوئے رہتا ہے اور اپنی تخلیقی کاوشوں کے ذریعہ اپنی افسردگی اور نظریہ حیات کو پیش کرنے کی کوشش کرتا ہے۔ یہی وجہ ہے کہ اردو انشائیے کا دائرہ عمل شروع سے وسیع رہا ہے۔ اردو انشائیہ ابتدا سے آج تک اپنے عہد کے حقائق کی عکاسی میں کامیاب رہا ہے۔ اس کی سب سے اہم وجہ ہے کہ ادب میں ہمیشہ آفاقی تصور کو اہمیت حاصل رہی ہے۔ اس لئے انشائیہ نگاروں نے تمام دنیا کے مسائل کو پیش نظر رکھا۔ انہی انشائیہ نگاروں میں ایک اہم نام احمد جمال پاشا کا ہے۔

احمد جمال پاشا کا اصل نام آغا محمد نزہت پاشا تھا۔ ان کی پیدائش یکم / جون ۱۹۲۹ کو الہ آباد کے محلہ خلد آباد میں ہوئی۔ انہوں نے ۱۹۵۰ئ میں کوئنس ہائی اسکول سے میٹرک، ۱۹۵۳ئ میں لکھنؤ کرسچین کالج سے انٹر میڈیٹ، ۱۹۵۹ئ میں لکھنؤ یونیورسٹی

سے بی۔ اے کا امتحان پاس کیا۔ اس کے بعد اعلی تعلیم حاصل کرنے کے لئے علیگڑھ مسلم یونیورسٹی میں داخلہ لیا۔ ۱۹۵۸ئ میں احمد جمال پاشا علی گڑھ مسلم یونیورسٹی سے ایم۔ اے کرنے کے بعد واپس لکھنؤ چلے آئے اور صحافت کے پیشے سے منسلک ہو گئے ۲۷/ ستمبر ۱۹۸۷ کو وہ جب ایک ریڈیو پروگرام میں شرکت کے لیے پٹنہ آئے ہوئے تھے۔ اسی دن انہیں اچانک دل کا دورہ پڑا اور دوسرے روز بروز پیر ۲۸/ ستمبر کو وہ اس دار فانی سے کوچ کر گئے۔ انہیں اپنے آبائی ضلع سیوان کے محلہ تلہٹہ والے قبرستان میں ۲۹/ ستمبر ۱۹۸۷ سپرد خاک کیا گیا۔

احمد جمال پاشا نے انسانی اور معاشرتی زندگی کے پیچ و خم کو انشائیے میں پیش کیا ہے۔ ان کے انشائیوں میں طنز کا نشتر بھی ہے اور ظرافت کی چاشنی بھی۔ وہ جس مسئلے کی جانب قارئین کی توجہ مبذول کرانا چاہتے ہیں بغیر کسی تلخی کے مسائل تک ہماری رسائی ہو جاتی ہے۔ ان کی کئی تخلیقات اس سلسلے میں بہت اہمیت رکھتی ہیں۔ مثلاً "اندیشہ شہر"، "ستم ایجاد"، "لذت آزاد"، "مضامین پاشا"، "چشمہ حیراں"، "آثار قیامت" فن لطیفہ گوئی" وغیرہ۔

جب احمد جمال پاشا نے "لاہور میں تحقیقی و تنقیدی مطالعہ"، "ادب میں مارشل لا ئ" اور "رستم امتحان کے میدان میں" جیسے مضامین لکھے تو ان کی طرف قارئین متوجہ ہونے لگے۔ بیسویں صدی کی ساتویں دہائی میں احمد جمال پاشا کی تخلیقی صلاحیت اپنے شباب پر تھی۔۔ ان کے اہم انشائیوں میں چیخنا، کچھ تنقید کے بارے میں، ہجرت، بے ترتیبی، شور، اصولوں کی مخالفت میں، چغلی کھانا، تنہائی کی حمایت میں اور کچھ بلیوں کے سلسلے میں وغیرہ ہیں۔ اس کے ساتھ کچھ مضامین بھی ملتے ہیں جو مضمون کے زمرے میں شامل ہیں لیکن وہ انشائیے سے قریب ہیں، ان میں انشائیہ کی خصوصیات غالب ہیں

اورانہیں بھی انشائیہ میں شامل کیا جاسکتا ہے۔ ان میں مونچھیں، نیا پیسہ، ٹائم ٹیبل، آنی جانی قیامت، ناپسندیدہ لوگ وغیرہ مضمون شامل ہیں۔ احمد جمال پاشا کو انشائیہ کے فن میں مہارت حاصل تھی۔ وہ جب انشائیہ تخلیق کرتے تھے تو وہ کسی عام موضوع کو لے کر موضوع کا زاویہ بدل کر اس کے اندر چھپے ہوئے پہلوؤں کو اجاگر کرتےتھیں۔ وہ اس بات کے قائل تھے کہ:

"تمسخر تفنن پھکڑپن شخصی ہجو مزاح برائے تفریح کبھی بھی ادب کا جزو نہیں بن سکتے۔ ادبی ظرافت اور مسخرے پن کا کوئی میل نہیں۔"(۱)

اس اقتباس کی روشنی میں کہا جائے گا کہ ان کے یہاں سادگی اور متانت کے حوالے سے سماج کی کج روی پر گہری نگاہ ڈالی گئی ہے۔ یہاں پھکڑپن اور صرف ہنسنے ہنسانے تک مزاحیہ ادب کو محدود رکھنے کا خیال عنقا ہے۔ لہٰذا احمد جمال پاشا نے انسانی زندگی اور سماجی زندگی کے ان گنت گوشے پر اپنی گہری نگاہ ڈالتے ہوئے طنز کے نشتر چلائے ہیں۔ ان کی انشائیہ نگاری کا جائزہ "ادب میں مارشل لا" کے اس اقتباس سے بخوبی لیا جاسکتا ہے۔ ملاحظہ کیجئے:

"حالات اب صدر اردو کے قابو سے باہر ہو چکے تھے۔ علمی ادبی سرگرمیوں اور تحریکوں نے ادبی مزاج کی صورت اختیار کرلی تھی۔ ملک ادب خوفناک اور گندی سیاست میں مبتلا تھا۔ ادب صحافت اور پمفلٹ میں تمیز کرنا بدتمیزی تصور کی جانے لگی تھی او رہنگاموں کا باعث ہوا کرتی تھی۔ دائمی قدروں کو وقتی قدروں میں تبدیل کرنے والے اب اسے لمحاتی قدروں میں تبدیل کرنے پر تلے ہوئے تھے۔ مجبوراً صدر نے ملک ادب پر مارشل لا نافذ کردیا۔ ادب کا نظم ونسق براہ راست ادبی فوج کے ہاتھ میں آگیا اور جب اہل ادب کی آنکھ کھلی تو وہ حیران رہ گئے کیوں کہ جمہوریت کی چڑیا اڑ چکی تھی اور مارشل لا کی

طوطی بول رہی تھی۔۔۔۔۔۔ موجودہ انقلاب اور اصلاحات کا ہر حلقہ ادب میں بے پناہ استقبال کیا جارہا ہے۔ ادب یں انتشار پیدا کرنے والے اب تقریباً منتشر ہوگئے ہیں۔ ادب میں ایک توازن سنجیدگی اور پائیداری کی ہر طرف امید کی جارہی ہے۔ ادبی جمود کا نعرہ لگانے والے مارشال لا کے طفیل میں اب مقالے لکھ لکھ کر ثابت کررہے ہیں کہ ادب میں نہ کبھی جمود تھا اور نہ ہے۔ آگے چل کر ادبی مارشل لا کا دور تاریخ ادب میں ادب کے سنہری دور کے نام سے یاد کیا جائے گا۔ جس میں زیادہ تر عظیم اور صالح ادب تخلیق ہوا اور تمام بنیادی کام انجام دئے گئے۔"(۲) (یہ بھی پڑھیں شفیقہ فرحت: پہلی مزاح نگار خاتون۔ ظفر الاسلام)

احمد جمال پاشا کا اختصاص رہا ہے کہ انہوں نے جہاں سماجی، معاشی، اقتصادی، تعلیمی، سیاسی صورتحال پر انشائیے قلم بند کئے وہیں ادبی صورت حال کو بھی ہدف نشانہ بنایا ہے۔ یہ بالکل آپ کی ادبی صورتحال سے افسردگی کا اظہار کراتی ہے۔ اس پر اضافہ یہ کہ انہوں نے ادبی شخصیات کو بھی اپنی تحریر کا حصہ بنایا ہے۔ انہوں نے انجم مانپوری کی ظرافت شناسی کے سلسلے سے طنزیات مانپوری لکھ کر اس بات کو پیش کیا کہ ان کی نظر ادب کے کارکن پر بھی تھی۔ مشتاق احمد یوسفی پر بھی انہوں نے طنز کے نشتر چلائے ہیں۔ اس سلسلے سے یہ اقتباس دیکھئے:

"ادب کی اس نقشہ کشی اور تعریف کے ساتھ ہی مسکراہٹوں، انار چھوٹنا شروع ہوجاتے ہیں۔ مقدمہ نگاری کی بدعت کا پوسٹ مارٹم کرنے میں یہ اپنے آپ کو بھی نہیں بخشتے۔"(۳)

ان کی انشائیہ نگاری کا جائزہ "حاجی لق لق کی عیدیاں" کے حوالے سے بخوبی لیا جاسکتا ہے۔ ملاحظہ کیجئے

السلام علیکم عید مبارک

آج دنیا میں عید ہے

ہمارے شہر میں عید ہے

ہمارے گھر میں عید ہے

لیکن ہمارے دل میں محرم ہے

اور تمہاری یاد ستیہ گرہ کئے بیٹھی ہے

نہ نکلتی ہے نہ چین لینے دیتی ہے

اس طرح یہ تسلیم کرنا پڑتا ہے کہ بحیثیت انشائیہ نگار احمد جمال پاشا کافی کامیاب ہیں۔ ان کی تحریریں انسانی زندگی کو جینے کا شعور سکھاتی ہیں۔ ان کے انشائیوں میں بلا کی سنجید گی ہے۔ مختصر یہ کہ ان کی تحریر اس بات کا ثبوت فراہم کرتی ہے کہ ان کے یہاں ایک اچھے مزاح نگار اور خوش فکر طنز نگار کا شعور ملتا ہے۔ اس سلسلے سے مضمون "شکر کا چکر" کا یہ اقتباس ملاحظہ کیجئے:

"جب میں شکر کی دکان پر پہنچا تو پہلے مجھے دھوکہ ہوا کہ میں شکر کی دوکان پر نہیں بلکہ کسی ایسے سنیما گھر کے سامنے پہنچ گیا ہوں جس میں کوئی مار دھاڑ والا نیا نیا فلم آج ہی لگا ہو اور پورا شہر اسے آج ہی دیکھ لینا چاہتا ہو۔ حد نظر تک شکر کی لائن میں لوگ چیونٹیوں کی طرح لگے ہوئے تھے اور لائن کو پولس والے ڈنڈے کی مدد سے درست کر رہے تھے۔ شکر کے بہت سارے امیدوار تار تار ہو چکے تھے اور حلیہ بتا رہا تھا کہ انہوں نے یہ جگہ بہ زور بازو حاصل کی ہے۔ اکثر بزرگ اپنی باری کے انتظار میں تسبیح لئے شکر حاصل کرنے والا کوئی جلالی وظیفہ پڑھ رہے تھے۔ ایک صاحب لائن میں ہی کھڑے کھڑے بری طرح چیخ رہے تھے کہ ہائے میں لٹ گیا اور معلوم ہوا کہ کسی نے موقع پا کر ان کی

جیب صاف کر دی۔"(۴)

احمد جمال پاشا کے تعلق سے یہ کہا جائے گا کہ انہوں نے اپنے انشائیوں کے لئے مواد تہذیب و ثقافت علم و ادب سیاست و معاشرت کے میدان سے حاصل کیا۔ زمانے کے نامساعد حالات جن سے انسانی زندگی پریشانی کا سامنا کر رہی ہے اس سلسلے سے بھی باتیں کی ہیں۔ اس پر اضافہ یہ کہ ادبی دنیا پر بھی انہوں نے گہری نگاہ ڈالتے ہوئے ادب کے میدان پر طنز کے نشتر چلائے ہیں۔ ادیب و فنکار کو ہدف ملامت بنایا ہے۔ تماشائے ادب، افلاطون، کافی ہاؤس میں، میرے ادبی نظریے اور عقیدے، نثری شاعری، ادب میں بانس کی اہمیت، اقبال کی تلاش میں، غالب اینڈ کمپنی اور ادب میں مارشل لا، اس موضوع پر ان کی بہترین نگارشات ہیں۔ ادب میں مارشل لا کا یہ اقتباس بطور نمونہ پیش کر رہا ہوں ملاحظہ کیجئے:

"ہمارے پاس ادبی تنقید کا کوئی جمہوری طریقہ نہیں فی زمانہ ادب میں خواجہ سرائیاں عام ہیں۔ سرقہ توارد اور آورد سے شعرائے نے ادب کی ناک میں دم کر رکھا ہے۔ موجودہ ادیب ادب کے نام پر ٹریش لکھ رہے ہیں۔ ادب اس وقت پیسے کمانے، نعرے بازی، گروپ بندی اور پگڑی اچھالنے کا اکھاڑہ بنا ہوا ہے۔ ادب کی محترم ہستیاں بے ادب کرنے سے نہیں چوک رہی ہیں۔"(۵)

مختصر یہ کہ احمد پاشا نے قومی زندگی کے بے شمار مسائل کو انشائیوں کا موضوع بنایا ہے۔ رشوت خوری، سماجی ناہمواری اور جبر و استحصال کے خلاف انہوں نے اپنا قلم اٹھایا ہے۔ تعلیمی نظام کے کھوکھلے پن پر اپنے انشائیوں کے ذریعہ چوٹ کی ہے۔ ان کے انشائیے کو پڑھ کر قارئین ادب زیر لب مسکراتا ہے۔ ان کے یہاں شائستگی، شگفتگی اور روانی بھی ہے۔ ان کے انشائیوں میں قوس قزح کے سارے رنگ موجود نظر آتے

ہیں۔ ان کے انشائیوں میں جو جدت اور شوخی ہے وہ ان کے وسیع مطالعے کا نتیجہ ہے۔ لٰہذا یہ کہا جائے گا کہ معاشرے کی اصلاح کے لئے احمد جمال پاشا نے انشائیے کو ذریعہ بنایا ہے۔ جس میں کامیاب بھی ہوئے۔ ان کے انشائیے صرف تبسم نہیں بلکہ تفکر کی دعوت بھی دیتے نظر آتے ہیں۔ ان کے انشائیے فن کی کسوٹی پر کھڑے اترتے ہیں۔ یہی وجہ ہے کہ آج بھی ان کا نام اپنے معاصرین میں انفرادیت رکھتا ہے۔ (یہ بھی پڑھیں اردو کے بلند پایہ طنز و مزاح نگار: مجتبیٰ حسین–ڈاکٹر احمد علی جوہر)

لٰہذا یہ کہا جائے گا کہ احمد جمال پاشا نے جو بھی لکھا بہت خوب لکھا۔ ان کے انشائیوں نے بڑے بڑے اہل قلم کو اپنی جانب متوجہ کرنے میں کامیاب رہے۔ یہ بہت بڑی بات ہوتی ہے کہ کسی ادیب و فنکار پر اہل قلم اپنے نظریات پیش کریں، اس ضمن میں احمد جمال پاشا کامیاب نظر آتے ہیں۔

حواشی

۱۔ بیسویں صدی میں طنز و مزاح نامی انصاری ۲۶۲

۲۔ بیسویں صدی میں طنز و مزاح نامی انصاری ۲۷۵-۲۶۳

۳۔ ظرافت اور تنقید احمد جمال پاشا ۱۶۰

۴۔ بہار میں اردو طنز و ظرافت سلطان آزاد ۱۰۵

۵۔ ظرافت اور تنقید احمد جمال پاشا ۵۱

***

احمد جمال پاشا کے تعلق سے بھولی بسری یادیں

پروفیسر عبد البرکات

جاندار مخلوقات میں حرکت و عمل کے لیے کلیدی حیثیت؛ حواس کا ہے۔ تاہم انسانی حواس میں، قدرت نے بیداری کی شدت عطا کی ہے اور آدمی کے پانچوں حواس ہمہ دم متحرک رہتے ہیں جس کے طفیل تمام مخلوقات میں انسان افضل قرار پاتا ہے۔ لہٰذا اپنی وسیع النظری، پاکیزہ قلبی اور ترحمات کے ساتھ انفرادی کام انجام دینے والے افراد کشش کے باعث ہوتے ہیں جس کی وجہ سے ان کو قبولیتِ عام حاصل ہو جاتی ہے۔ ایسے افراد کی شخصیت، ان کے معاملات، ان سے وابستہ واقعات؛ دوسرے فرد اور معاشرے کے لیے مشعلِ راہ بنتے ہیں۔ ان کی فعالیت اور ان کی شخصیت کے افادی پہلو میں مقناطیسی کشش ہوتی ہے، اس لیے ان سے قربت اختیار کرنے والے اثر پذیر ہو جاتے ہیں اور ان کی یادیں ذہن میں کلبلاتی رہتی ہیں۔ لہٰذا ہمہ وقت نہیں تو خاص خاص مواقع پر ان کے تصورات ضرور سر اُٹھاتے ہیں کیوں کہ ان سے متعلقہ امور قابلِ تقلید ہوتے ہیں اور ان کے مشورے مشعلِ راہ بنتے ہیں۔ اس لیے ان سے استفادہ کی سبیل نکلتی ہے۔ انھیں میں ایک نام احمد جمال پاشا کا بھی ہے جن کی قربت اور ان کے پند و نصائح نے میری زندگی کو ایک نئی دنیا (علمی و ادبی) سے آشنا کرایا، نئی سمت و رفتار عطا کی جس سے سفر زندگی بامعنیٰ بنی اور اس میں خوشگواری آئی۔ ان کے مشورے اور فکر و عمل، میرے لیے مشعلِ راہ

بنے۔ لہٰذا ان کی یادوں سے مفر ممکن نہیں! حالاں کہ جب بھی شدت سے ان کی یاد آتی ہے، جہاں بھی ہوتا ہوں؛ فاتحہ خوانی سے دل کو تسکین کرتا ہوں۔ علاوہ ازیں ۲۹؍ستمبر ۱۹۸۷ء کو سیوان میں پاشا صاحب کی تجہیز و تکفین کے بعد ایک تاثراتی خاکہ "اب 'ان' کے دیکھنے کو آنکھیں ترستیاں ہیں" تحریر کر کے اپنی ہیجانی کیفیت کو معتدل کیا جو "نیا دَور" لکھنؤ کے "یادِ رفتگاں نمبر "۱۹۸۸ء میں طبع ہوا ہے۔

دینیات اور اخلاقیات کے عالموں اور دانشوروں کا خیال ہے کہ بزرگوں خصوصاً تعلیم یافتہ اور جہاں دیدہ لوگوں کی صحبت اختیار کریں۔ ان کی نصیحتوں پر عمل پیرا ہونے سے کامیابی نصیب ہوتی ہے اور معاشرہ میں امن وامان قائم ہوتا ہے۔ اس امر کو میں نے صحیح جانا اور سمجھا ہے۔ حقیقت یہ ہے کہ کم عمری سے ہی بڑے بزرگوں سے میرا ربط ضبط پیدا ہو گیا اور میری انجذابی فطرت نے ان کی مثبت فکر اور تعمیری عمل کے اثرات کو قبول کیا۔ میرے گاؤں ٹولہ ہر دیاں، بڑہریا، سیوان کے بڑے بزرگوں کے ساتھ گرد ونواح کے ایسے افراد سے تعلقِ خاطر پیدا ہو گیا اور استفادے کیے جو خصوصی صفات کے حامل تھے۔ مثلاً گاؤں کے مولوی سعید صاحب جو عالم و فاضل نہیں تھے لیکن دینی کتابوں سے ان کو گہرا شغف تھا۔ گاؤں کی مسجد میں نماز پڑھاتے۔ وضو اور نماز کی ادائیگی میں انہماک تھا۔ رسم ورواج سے گریز کرتے۔ اسلامی شعائر اور دینِ اسلام کے احکام پر عمل کرتے تھے۔ جلسہ جلوس میں تقریر کے بجائے اپنے عمل، نرم گفتاری اور سادگی سے متاثر کرتے۔ لہٰذا ان سے روزانہ میری گھنٹوں گفتگو ہوا کرتی تھی۔ اسی طرح محمد عمر صاحب، علمی و ادبی کتابوں کے شوقین، اردو اخبار کا پابندی سے مطالعہ اور اس پر تبادلۂ خیال، ان کا معمول رہا ہے۔ اخبار بینی کا شوق اس قدر کے عید کے دن ۳؍مئی ۲۰۲۲ء کو دیکھا کہ علی الصباح کربلا چوک سے ہاتھ میں اخبار لیے گھر جا رہے ہیں۔ پڑوسی گاؤں کے ایک مولوی

حسن صاحب کو شعر و ادب سے گہرا شغف تھا اور بڑی دلچسپ گفتگو کیا کرتے تھے۔ میری نوعمری کے دَور میں گویاں بیسویں صدی کی آٹھویں دہائی تک گاؤں میں علم کی توسیع اتنی نہیں ہوئی تھی جو آج دیکھنے کو مل رہی ہے اور تفریح کے ذرائع بھی محدود تھے۔ گاؤں، دیہات کی شادیوں میں بارات شام کو نکلتی اور دوسرے دن شام تک واپس لوٹتی۔ بیل گاڑیوں کی جگہ دھیرے دھیرے موٹر گاڑیاں لے رہی تھیں۔ زمیندار اور بڑے کاشتکار گھرانوں میں مرجات (ہندی لفظ 'مریادا' سے بنا ہے) کا رواج بھی تھا (خصوصاً غیر مسلم گھرانوں میں)۔ یعنی دو شب بارات کو قیام کرانے کا چلن تھا۔ اس صورتِ حال میں لازمی طور پر باراتیوں کے لیے تفریح کا اہتمام ہوا کرتا تھا جس میں ناچ اور قوالی کو خصوصی درجہ حاصل تھا۔ عام طور پر مسلمانوں کی بارات میں قوالی اور غیر مسلم برادری میں ناچ اور ناٹک پارٹی کو مدعو کیا جاتا تھا۔ بلاشبہ اس دَور میں اردو زبان کے فروغ میں قوالی نے اہم کردار نبھایا ہے۔ ایک بار ایک دوست کی بہن کی شادی میں شریک ہونے گیا تھا تو دیکھا کہ حسن صاحب (غالباً ان کا نام محمد حسن تھا اور مولوی حسن کے نام سے جانے جاتے تھے) ناچ والے شامیانہ سے نکل رہے ہیں۔ میں نے سلام کے ساتھ سوال کیا۔ "آپ یہاں ناچ والے شامیانہ میں؟" ان کا جواب تھا۔ "ہاں! کان میں آواز پڑی تو اصلاحی نظر سے ناچ دیکھنے چلے آئے۔" اس کا مطلب کے جواب میں انھوں نے فرمایا۔ "شادی کے موقع پر اس کو شادیانہ گانا چاہیے تو وہ مرثیہ سنا رہا ہے۔" بہار میں ناچ کی مقبولیت کا اندازہ اس سے بھی لگایا جاسکتا ہے کہ ناچ میں چوپاٹ (ناٹک) ہوا کرتے تھے۔ اس سے عام عوام میں بیداری پھیل رہی تھی۔ ناچ منڈلی میں ایک دو جوکر ہوا کرتے تھے جو حکمراں اور سماج کی برائیوں کو مزاحیہ انداز میں ہدف بناتے تھے۔ بھکاری ٹھاکر جو اپنی ناچ پارٹی چلاتے تھے جس میں اپنے لکھے ہوئے گیت اور ناٹک کے ذریعے انگریزی حکومت کی کارستانیوں کو

ہدف بناتے تھے، علاقہ میں بہت مقبول تھے۔ ان کے ناٹکوں اور گیتوں کی گونج آزادی کے بعد بھی سنائی دے رہی تھی لہٰذا ابھکاری ٹھاکر پر پی ایچ۔ڈی۔ کی ڈگری بہار یونیورسٹی مظفر پور سے ایک ریسرچ اسکالر کو تفویض ہوئی ہے۔

مذکورہ باتیں موضوع کے اعتبار سے غیر ضروری معلوم ہوتی ہیں تاہم شعر و ادب کی خُو رکھنے والے افراد میں بچپن کے معاملات، واقعات اور یادیں کردار سازی کے اہم عناصر ثابت ہوتی ہیں اور شخصیت کی تشکیل میں مثبت فکر والی باتیں راہ پانے لگتی ہیں جس سے علمی و ادبی جراثیم کی نمو کا امکان بڑھ جاتا ہے۔ اس کا احساس اس وقت نہیں ہوتا لیکن جیسے جیسے علمی و ادبی صلاحیت افزوں ہوتی ہے۔ معاشرتی شعور بیدار ہوتا ہے تب یہ احساس ہوتا ہے کہ شعر و ادب فرد اور معاشرتی زندگی کی فکر و عمل سے کشید ایک علمی تحفہ ہے جو معاشرتی زندگی کا عکاس بھی ہے اور رہنما بھی۔ اس طرح ادب اور زندگی و معاشرتی نظام لازم و ملزوم ہیں، انھیں جدا کر کے سمجھا نہیں جاسکتا۔ اس تناظر میں بطور مثال مذکورہ افراد کی اہمیت و افادیت محسوس کی جاسکتی ہے۔ لہٰذا اس معاشرتی پس منظر میں علم و ادب کا کوئی درخشاں ستارہ نمودار ہو جائے تو انجذابی فطرت کے حامل افراد کا مائل ہونا فطری ہے۔ جب احمد جمال پاشا صاحب نے سیوان میں رہائش اختیار کیا اور پھر "پاشا اورینٹل ریسرچ انسٹی ٹیوٹ" قائم کر کے گلشنِ اردو ادب کو سجایا تو زبان و ادب کی چاہت رکھنے والے ان سے رجوع کیے۔ وہ کہتے تھے۔ "علم و ادب میں دلچسپی رکھنے والے کا حلقہ نہیں بڑھے گا تو میں کس سے گفتگو کروں گا۔ یہاں رہنا محال ہو جائے گا۔" وہ ملنے والوں میں مطالعۂ کتب کا ذوق پیدا کرتے اور جو بھی اہم کتاب شائع ہوتی، اس کو پاشا صاحب خرید لیا کرتے۔ پہلے خود پڑھتے اور پھر اپنے شاگردوں کو پڑھنے کو دیتے اور اس پر ان کی رائے طلب کرتے۔ شیخ عبد اللہ کی کتاب "آتشِ چنار" کو طبع ہوتے ہی انھوں نے

خرید لیا تھا جس سے مستفید ہونے کا موقع ملا۔

اس مضمون کو تحریر کرنے کا مقصد احمد جمال پاشا کی فہم اور ادراک کی ترجمانی ہے جس کی بنا پر وہ اپنے شاگردوں کو تلقین ورہنمائی کرتے تھے۔ ان کی نصیحتوں اور مشوروں پر عمل کرنے سے ان کی قیاس آرائیاں حقیقت بن کر سامنے آرہی ہیں۔ ہر موقع پر انھوں نے اپنے وسیع مطالعہ اور اپنے دوستوں اور عزیزوں کے معاملات اور واقعاتِ زندگی بطور مثال بیان کرتے۔ اپنے حوالے سے بھی انھوں نے بتایا تھا کہ کئی بڑی یونی ورسٹی میں لکچر شپ کے لیے انٹرویو دیا لیکن شہرت سے گہن لگ گیا۔ کامیابی حاصل کرنے کے لیے بڑی ضبط و احتیاط کی ضرورت ہوتی ہے اس کو ذہن نشیں کرلیں۔ ان کے تجربات اور مشوروں کی بنیاد پر لائحہ عمل تیار کرنے والے اور اس پر عمل کرنے والے آج کامیاب نظر آتے ہیں۔

میرا میٹرک کا ریزلٹ ۱۹۷۶ء میں آیا اور میں نے اسی سال زیڈ۔ اے۔ اسلامیہ کالج سیوان میں، انٹر میڈیٹ میں داخلہ لیا جس کا قیام غالباً ایک سال قبل ہوا تھا۔ اس وقت کے نصاب کے اعتبار سے آرٹس میں دیگر سبجیکٹ کے ساتھ میں نے پرنسپل اردو کا بھی انتخاب کیا تھا، جس کا کلاس محترمہ نشاط افزا صاحبہ لیا کرتی تھیں۔ ان کی سریلی آواز کانوں کو بہت بھاتی تھی، پھر معلوم ہوا کہ احمد جمال پاشا صاحب لکھنؤ سے اردو زبان وادب کے استاد کی حیثیت سے تشریف لارہے ہیں تو بہت خوشی ہوئی کہ مضافاتِ سیوان کے طلبا کو بھی لکھنوی طرزِ معاشرت کے ایک نمائندہ استاد سے تحصیلِ علم کا شرف حاصل ہوگا۔ حالاں کہ اس وقت ہم طالب علموں کو ان کے علمی و ادبی کارناموں سے واقفیت نہیں تھی۔ دلچسپی تھی تو لکھنوی انداز کی دلنواز اور پُرکشش شخصیت کو دیکھنے کی۔ چند ماہ بعد پاشا صاحب تشریف لائے بھی اور جیسا میں نے تصور کیا تھا ویسا دیکھا۔ متوسط قد کاٹھی کا

گوراچٹا سلیقے کا بدن، مسکراتا ہوا چہرہ، نفیس سفاری سوٹ اور سفید کرتا پاجامہ ان پر خوب پھبتا۔ آنکھوں پر ہلکے کتھئی رنگ کا گوگل اور ہاتھ میں کبھی سگریٹ بنانے کی پنّی اور پتّی کا پاؤچ اور کبھی پائپ۔ کلاس میں آتے اور کرسی کے بجائے طلبا کے سامنے والے بڑے بینچ پر بیٹھ کر اپنی شگفتہ اور رواں دواں زبان میں، لکچر کے لٹکے جھٹکے سے بے نیاز نصابی کتاب پر اظہارِ خیال کرنے لگتے۔ اب احساس ہوتا ہے کہ کتنے اہم نکتے کو بالکل سہل انداز میں بیان کر دیتے تھے۔ اس وقت میڈم کی سریلی آواز کے سامنے پاشا صاحب کی علمی واقعہ بیانی کم متاثر کرتی اور ان کی شخصیت زیادہ۔ ایک بار کلاس میں ایک واقعہ بھی ہو گیا تھا۔ انھوں نے خواجہ میر دردؔ پر گفتگو کرتے ہوئے ایک شعر:

ارض و سما کہاں تری وسعت کو پا سکے

میرا ہی دل ہے کہ جہاں تو سما سکے

کی تشریح کی۔ بالکل سیدھے سادے مگر شگفتہ انداز میں۔ میں تھا ابھی گاؤں کا باگڑ بلّا، کھڑے ہو کر سوال کر دیا۔ "سر آپ نے شعر کی تشریح کی ہے یا منشی جی کی طرح چٹھی باچھی ہے۔" میری بات سن کر کچھ نہیں بولے اور میری طرف غور سے دیکھا۔ چہرے پر کوئی ناگواری نہیں تھی۔ ایک روز وہ کالج سے رکشا پر لوٹ رہے تھے۔ میں پیدل بس اسٹینڈ کی طرف آ رہا تھا۔ پاشا صاحب نے رِکشا رُکوا کر اپنے بغل میں بٹھا لیا اور میرے تعلق سے باتیں کرتے ہوئے اپنے مکان "کوٹھی نشاط افزا" لے آئے۔ پھر اپنی لائبریری میں ایک کرسی پر بٹھا کر اندر چلے گئے۔ میری نظریں چاروں طرف گھور رہی تھیں۔ بڑا سا کمرہ جس کا ایک دروازہ اُتّر کی جانب برآمدے میں کھلتا ہے جس سے گزر کر اندر آئے تھے۔ دوسرا دروازہ ٹھیک ان کے اسٹڈی میز کے پچھم کی طرف جس سے وہ گھر میں داخل ہوئے تھے۔ گول پہل دار کمرے کی ہر پہل میں الماریاں جس میں تین طرف گودریج کی

شیلف کتابوں سے سجی بھری اور اُتر کی جانب دیوار سے سٹی دو لکڑیوں کی کابک نما الماریاں جس کے ہر خانہ میں الگ الگ چیزیں، کسی میں قلمی نسخے اور پرانے کاغذ، کسی میں پرانے سکّے تو کسی میں کوڑیاں اور کسی میں مکتوبات وغیرہ ہوتے تھے۔ درمیان میں ایک بڑے ٹیبل پر ایک طرف قلم دان، لیٹر پیڈ اور سادے کاغذ اور دوسری طرف فوری دستیاب یا خریدی گئی کتابیں اور مکتوبات، دو تین پیپر ویٹ۔ اسٹڈی ٹیبل کی دونوں جانب نیچے دراز تھے جس میں کچھ نایاب کتابیں، رسائل اور ڈائریاں ہوتیں۔ جب راقم سے شاگرد اور استاد کا رشتہ استوار ہو گیا تو ایک دن ٹیبل کی دراز سے ایک ڈائری دکھاتے ہوئے بتایا کہ "یہ فلاں برگزیدہ شخصیت کی ڈائری ہے، اس میں انھوں نے اپنی دل بستگی کا سامان جمع کر رکھا ہے۔ چھپا کر پڑھتے ہیں، بڑی ترکیب سے اس کو حاصل کیا ہے۔" میں نے اس ڈائری میں دیکھا کہ زٹلیاتِ جعفر کے کچھ اشعار اور اسی نوعیت کے اشعار اس میں درج ہیں۔ اسٹڈی ٹیبل کے پورب کی طرف کھڑکی سے متصل ایک گھومنے والی کرسی (Moving Chair) تھی جس پر وہ بیٹھا کرتے تھے۔ سامنے پچھم کی طرف چار کرسیاں لگتی تھیں اور دکن کی جانب ایک، اور اُتر کی جانب ایک آرام کرسی ہوتی جو بعد میں میری پسند بن گئی تھی، کیوں کہ ادبا و شعرا کے مکتوبات ادھر ہی ہوتے جس کو پڑھنے کا چسکا لگ گیا تھا اور وہاں بیٹھ کر پڑھنے میں سہولت ہوتی تھی۔ ممکن ہے اگلے پچاس برسوں میں اس نوعیت کے کتب خانے عنقا ہو جائیں اور الیکٹرانکس ڈیوائس کا اسٹینڈ اپنی جگہ بنالے۔ خیر یہ سب، اس دن میں دیکھتا رہا اور صرف اتنا سمجھ میں آیا کہ یہ کوئی بہت پڑھنے لکھنے والے آدمی ہیں۔ بلاشبہ اس وقت تک علمی و ادبی دنیا کا یہ منظر میرے تصور سے پرے تھا۔

گریجویشن، میں نے اُردو آنرس سے کیا اس لیے پاشا صاحب سے قربت بڑھتی گئی۔ جب گریجویشن میں فرسٹ کلاس آیا تو وہ بہت خوش ہوئے۔ اپنے ساتھ "کوٹھی

نشاط افزا" لے گئے۔ اعلیٰ تعلیم کی اہمیت اور افادیت پر روشنی ڈالی۔ پٹنہ یونی ورسٹی کے شعبۂ اردو میں داخلہ کے لیے مشورہ دیا اور پروفیسر اسلم آزاد کے نام ایک سفارشی رقعہ بھی عنایت کی جس کو میں نے اسلم صاحب تک پہنچا دیا۔ لیکن بہار یونی ورسٹی، مظفرپور کے صدر شعبۂ اردو، پروفیسر محمد سلیمان صاحب کی تحریر اور دستخط سے داخلہ کرانے کے لیے بذریعہ پوسٹ کارڈ ضروری اطلاع موصول ہوئی اور بروقت میں نے داخلہ بھی لے لیا اس لیے پٹنہ یونی ورسٹی میں سلیکشن ہوا یا نہیں، اس طرف توجہ نہیں دی۔ اس واقعہ سے شاگردوں کے تعلق سے پاشا صاحب کے اخلاص اور طرزِ عمل کا اندازہ لگایا جاسکتا ہے۔

پاشا صاحب اپنے شاگردوں اور دوست واحباب کا بے طرح خیال رکھتے اور ان کے یہاں چھوٹی بڑی تقریبوں میں شرکت کرنے سے بھی گریز نہیں کرتے تھے جب کہ اس دوران میں وہ سہولت اور آسودگی نہیں ملتی تھی اور اپنے معمول سے بھی ان کو سمجھوتہ کرنا پڑتا تھا۔ تکلیفیں اٹھانی پڑتی تھی لیکن انکساری اور مروّت اس قدر تھی کہ جب بھی کوئی تقریب میں شریک ہونے کے لیے مدعو کرتا وہ انکار نہیں کر پاتے۔ ابھی میں گریجویشن میں تھا کہ پرنسپل بضاعت امام صاحب کی سسرال؛ صرحیاں، بڑہریا، سیوان؛ شادی کی تقریب میں شرکت کے لیے تشریف لائے اور کہا کہ "میں برکات کے یہاں رات میں قیام کروں گا۔" وہاں سے میرے گھر کا فاصلہ تقریباً تین کیلو میٹر ہے۔ صرحیاں میں ہی میرے کلاس ساتھی فیاض احمد، ریاض احمد اور عظیم اللہ موجود تھے۔ ان کے یہاں میرے مقابلے بہتر سہولت دستیاب تھی لیکن وہ کسی کے یہاں شب گزاری کے لیے آمادہ نہیں ہوئے اور رکشا سے میرے گھر آگئے۔ اس وقت میرے مکان کی شکل کچھ اور تھی۔ دروازے پر کیمپس نہیں تھا۔ غالباً اس وقت کیمپس بنوانے کا رواج عام نہیں ہوا تھا۔ کھلے کھلے سب کے بڑے دروازے ہوتے تھے اور دروازے کی مناسبت

سے چھوٹے بڑے پیڑ لگے ہوتے۔ میرے دروازے پر دو گل مہر اور ایک ناریل کا پیڑ تھا۔ پاشا صاحب کی آمد سے میں بہت خوش ہوا۔ کبھی ان کو اور کبھی اپنے مکان کو دیکھتا۔ غالباً اپریل کا مہینہ تھا۔ گاؤں میں ابھی دور دور تک بجلی کا پتہ نہیں تھا۔ میں نے دروازے پر پانی کا چھڑکاؤ کیا جس سے سوندھی سوندھی خوشبو آنے لگی۔ ایک چوکی ڈال کر بستر لگایا اور مچھر دانی لگادی اور بغل میں ایک چارپائی پر اپنا بستر لگایا۔ پاشا صاحب بہت خوش ہوئے، کہنے لگے: "بھئی چاندنی رات میں کھلے آسمان کے نیچے، گاؤں کا پُر سکون ماحول، مٹی کی سوندھی سوندھی خوشبو، مزہ آگیا۔" سویرے ضروریات سے فارغ ہو کر بر آمدے میں کرسی پر بیٹھ گئے۔ پورب رُخ کا لبِ سڑک میرا مکان ہے۔ صاف ستھرا چمکتا ہوا ان کا چہرہ، پائپ میں سگریٹ کا مسالہ (پتی) ڈالتے، سگریٹ بناتے اور پیتے ہوئے دلکش منظر اُبھرتا جو گاؤں کے لوگوں کے لیے نایاب تھا۔ کوئی راہگیر ان کو نظر بھر کر دیکھے بغیر نہیں گزرتا۔

۲۳؍ ستمبر ۱۹۸۵ء کو حج سے پاشا صاحب کی واپسی ہوئی تھی۔ اس دوران میں میری سگائی ہوگئی تھی جس کی تفصیلات میں نے ان کو بتائی اور ۵؍ نومبر ۱۹۸۵ء کو شادی کا دن متعین ہونے کی اطلاع بھی دی۔ یہ سن کر وہ بہت خوش نہیں ہوئے۔ چاہتے تھے کہ میں پہلے اپنا تحقیقی مقالہ مکمل کرلوں، پھر شادی ہو۔ وہ متعدد حضرات کی مثالیں دیتے ہوئے فرماتے:۔"وہ صاحب جو آج کل کالج میں لکچرار ہیں، ان کے حالات آپ سے زیادہ خراب تھے۔ فلاں پروفیسر صاحب جن کے پاس آج گاڑی بنگلہ ہے، وہ بہت برے حالات سے گزرے ہیں۔ شادی کی ذمہ داریوں کو ابھی آپ سمجھ نہیں پا رہے ہیں۔" جب کہ شادی کے توسط سے میں اپنے کئی مسائل حل کرلینا چاہتا تھا۔ بہرکیف! شادی کے موقع سے انھوں نے ایک نثری سہرا "باندھ کر آیا ہے لائبریری

سے محقق سہرا" تحریر کیا اور بہ نفسِ نفیس متعین تاریخ پر میرے گھر تشریف لائے۔ گاؤں، علاقہ میں اس وقت کی روایت کے مطابق دعوت کھلا کر بارات نکالی جاتی تھی۔ لہٰذا میرے گھر پر دعوت کا اہتمام تھا۔ پاشا صاحب نے باہر کے کمرے (جس کو ڈرائنگ روم بھی کہہ سکتے ہیں) میں بیٹھ کر اپنا نثری سہرا ریکارڈ کرایا۔ غالباً انھوں نے محسوس کر لیا تھا کہ اس طرح کے سہرے سے یہاں کسی کو دلچسپی نہیں ہے تو وہاں کا عالم بھی یہی ہو گا۔ بعد میں سہرا "کتاب نما" نئی دہلی اور "نقوش" لاہور میں طبع ہوا۔ اس دن پاشا صاحب بے تحاشہ خوش تھے۔ ساتھ میں بارات گئے۔ باراتیوں میں ڈاکٹر ظفر کمالی، ڈاکٹر محمود حسن محمود اور ڈاکٹر قطب الدین اشرف بھی موجود تھے۔ پروفیسر ناز قادری صاحب شادی میں شریک نہیں تھے لیکن انھوں نے سہرا لکھ کر بھیج دیا تھا۔ ۵/ نومبر ۱۹۸۵ء کو شام کے وقت خانسامہ ٹولہ، ہتھوا، گوپال گنج بارات گئی اور ۶/ نومبر صبح بارات واپس آئی۔ پاشا صاحب اپنی خوشی کا اظہار دلچسپ لطیفے اور چٹکلے سنا کر کر رہے تھے۔ اس طرح شب بیداری میں سب کی رات گزر گئی۔

پاشا صاحب کی شخصیت کی مثال درخشاں ستارہ کے بجائے روشن چاند سے دی جا سکتی ہے جس کی میٹھی چاندنی میں سفر زندگی طے کرنے والے تازہ دم ہوتے اور سکون پاتے تھے، پھر راہِ منزل پر گامزن ہوتے۔ پٹنہ کے ایک سفر کے دوران، میں ان کے ہمراہ تھا۔ رکشا سے ہم لوگ سیوان اسٹیشن اُتر کر پلیٹ فارم پر گئے۔ اس وقت میں سسرالی تھری پیس سوٹ، جس کو میں نے پٹنہ کے 'لبرٹی ٹیلر' کے یہاں سلوایا تھا جو اس وقت کے لیے بڑی بات تھی اس لیے لوگوں میں چرچا کا موضوع بن گیا تھا اور ہاتھ میں اٹیچی لے رکھی تھی۔ پاشا صاحب سفری بیگ کندھے سے لٹکائے ہوئے تھے، میرا ہاتھ پکڑ کر کہا:- "اتنے عمدہ سوٹ بوٹ میں ہیں اور ہاتھ میں سوٹ کیس اچھا نہیں لگتا، یہ ہم کو دے

دیجیے۔" بہرکیف! یہ کیسے ممکن ہوسکتا تھا، سرجھکا کر ٹال گیا، اس سے ان کی عظمت و برتری اور دوسروں کو عزت بخشنے اور ان کے ساتھ ہمدردی اور تعاون کے جذبے کو محسوس کیا جاسکتا ہے۔ انھوں نے کئی مختلف مواقع پر کئی ایسے واقعے سنائے جس سے دوسروں کی زندگی بہتر بنانے میں ان کی کاوش نظر آتی ہے۔ مثلاً ایک صاحب کے یہاں گئے۔ اچھا مکان اور ایک بڑے کمرے میں کتب خانہ، لیکن کتابیں بے ترتیب۔ ٹیبل پر دھول جمی ہوئی۔ وہ صاحب اندر چائے ناشتہ کے انتظام میں لگ گئے، ادھر پاشا صاحب نے ٹیبل کی صفائی کر دی اور کتابوں کو ترتیب سے سجایا۔ جب وہ ناشتہ چائے کے ساتھ آئے تو بہت شرمندہ ہوئے۔ پاشا صاحب نے بتایا کہ پھر ان کی زندگی میں سلیقہ اور کتابوں کو کس ترتیب سے رکھا جاتا ہے، اس کا ہنر آگیا، لہٰذا اس کے گہرے اثرات بھی میرے پر رہے اور بہت دنوں تک اس عمل کی تقلید بھی کی ہے۔

پٹنہ کے سفر میں پاشا صاحب ہوٹل میں ٹھہرنے کے بجائے ڈاکٹر ظفر کمالی کے یہاں قیام کو ترجیح دیتے تھے۔ پٹنہ سٹی کے دھولی گھاٹ میں گنگا کنارے ایک بنگلہ نما مکان میں ظفر کمالی رہائش پذیر تھے۔ بہت سہانا اور پُرکیف جگہ تھی۔ گنگا کنارے کا وہ آخری مکان تھا۔ اس کے پیچھے اور دائیں طرف گھنی آبادی تھی۔ بائیں جانب سے دس بارہ فٹ چوڑا راستہ مکان تک آتا تھا اور دو ڈھائی سو گز کے بعد گنگا ندی کا کنارہ تھا۔ اس بنگلہ نما مکان کے درمیان والے بڑے کمرے میں ظفر کمالی رہا کرتے تھے اور دائیں بائیں کے کمرے میں دوسرے طالب علم ہوتے جو عموماً ان کے دوست ہوا کرتے تھے۔ کمروں سے برآمدے میں آکر پورب رُخ سے کھڑے ہونے سے پُرکشش سماں نظر آتا۔ برآمدے کے سامنے تھوڑے فاصلے پر ایک اونچی جگت کا کنواں تھا جہاں ایک رسّی والی ڈول رکھی رہتی تھی اور کنواں کے اتر جانب ایک ناریل کا پیڑ تھا جس کے دائیں سے پورب کی طرف

ہاتھی کی پشت کی طرح خالی زمین تھی جس میں سبزیاں لگائی جاتی تھیں۔ خصوصاً جھاڑی نما بیگن کے پودوں میں لٹکے ہوئے سفید اور کتھئی رنگ کے بیگن، جو بیگنی رنگ سے موسوم ہے؛ توجہ طلب کرتے تھے۔ بہت پُر سکون جگہ تھی۔ وہاں آنے پر نہیں لگتا کہ ہم پٹنہ شہر میں ہیں۔ وہاں کی صبح و شام بہت سہانی ہوتی۔ صبح میں کمرے سے باہر نکل کر کھڑے ہو جائیں، پچھم سے پورب کی طرف کل کل کرتی گنگا کا پانی نظر آتا۔ قلعی والے تانبے کی سرخی مائل بڑی تھالی کی طرح سورج؛ پورب سے ابھرتا ہوا پیتل میں تبدیل ہو کر شعاعیں پھیلاتا نمودار ہوتا اور گنگا میں تیرتی ہوئی کشتیوں کو سنہرا بنا دیتا، لگتا سونے کی کشتیاں گنگا میں تیر رہی ہیں۔ اسی طرح شام کے وقت اُتر کی جانب رُخ کر کے کھڑے ہونے پر گنگا پر بنے "گاندھی سیتو" کا پُر لطف منظر۔ حدِ نگاہ سیتو کی اسٹریٹ لائٹ جلتی اور عکس پانی میں اترتے تو معلوم ہوتا کہ نیچے پانی میں بھی بتیاں جگمگا رہی ہیں۔ غالباً پاشا صاحب اس پُر کیف ماحول سے لطف اندوز ہوتے تھے، اس لیے بھی دھولی گھاٹ میں قیام کو ترجیح دیتے۔ وہاں برآمدے میں صبح صبح چٹائی بچھا کر ظفر کمالی اور دوسرے طالب علم چائے کی چسکی لیتے اور کسی اہم موضوع پر لکھنے پڑھنے کا منصوبہ تیار ہوتا۔ پاشا صاحب نے اپنی دو کتابیں "انشائے جمال" اور "چراگاہ" کی کتابت کے تعلق سے وہاں بیٹھ کر منصوبہ بنایا تھا۔

پاشا صاحب نے ایک ماہ کے لیے سیاحتی سفر کا منصوبہ بنایا جس میں ان کی بیگم سرور جمال صاحبہ اور ان کی بیگم کی بڑی ہمشیرہ محترمہ بلقیس داؤد صاحبہ شامل تھیں لیکن اس سیاحتی سفر کے لیے ایک اور فرد کی ضرورت محسوس کی گئی۔ پاشا صاحب نے میرا نام تجویز کیا۔ بعد میں انھوں نے انکشاف کیا کہ ایک دو صاحب نے آپ کی مخالفت کی اور بیگم سے خود ساتھ چلنے کی سفارش کرائی تھی لیکن غور و فکر کے بعد قرعہ راقم کے نام آیا۔ غالباً

۱۹۸۶ء میں اکتوبر کا مہینہ رہا ہوگا۔ یہ چار نفری ٹیم مہینوں کے لیے سیاحت پر نکل پڑی۔ سیوان سے ہم لوگ گورکھپور اسٹیشن گئے۔ جہاں سے قاضی پیٹھ (حیدرآباد) کے لیے ٹرین پر سوار ہوئے۔ پاشا صاحب اپنی سیٹ پر بیٹھ کر کتاب پڑھنے میں مستغرق ہو گئے۔ کانپور سے آگے بڑھنے کے بعد ٹی۔ ای۔ نے ٹکٹ طلب کیا۔ پرس کھولا گیا تو چاروں نفر کے ٹکٹ اور اس میں رکھے کچھ روپے غائب تھے۔ گورکھپور کے بعد اگلے اسٹیشن پر روزانہ مسافر ریزرو بوگی میں سوار ہوئے اور "بھیا ذرا بیٹھنے دیجیے" کہتے ہوئے بیٹھ گئے اور ٹکٹ اور روپے غائب ہو گئے۔ بڑی مزاحمت ہوئی۔ خیر روپے تو دوسری جگہوں پر بھی رکھے گئے تھے لیکن ٹکٹ کے لیے بہت زحمت اٹھانی پڑی۔ آج کی طرح نیٹ کی سہولت نہیں تھی اور جانکاریوں کے تعلق سے عام بیداری بھی اتنی نہیں تھی۔ بڑی مشکل سے دوبارہ ٹکٹ کا انتظام ہوا اور پھر راہِ سفر خوشگوار بنا۔ پہلے ہم لوگوں کا قیام بنگلور کے "ہندوستان ہوٹل" میں ہوا۔ بنگلور میں سیر و تفریح ہوئی اور مقبول ہفت روزہ اخبار "نشیمن" کے دفتر گئے جہاں پاشا صاحب نے اخبار کے تعلق سے بہت ساری گفتگو کی اور اپنے تجربات کو ساجھا کیا۔ وہاں سے میسور کے لیے ٹکٹ بک تھا۔ بڑا سہانا سفر تھا۔ سیوان اسٹیشن سے گورکھپور، اتر پردیش ہوتے ہوئے، مدھیہ پردیش کے بھوپال اور راجستھان سے گزرتے ہوئے کرناٹک اور آندھرا پردیش کو چھوتے مدراس (چینئی) تک کا سفر میں گوناگوں مناظر، مختلف تہذیب اور متعدد زبان کے ساتھ طرزِ زندگی کی نیرنگیاں دیکھنے کو ملیں۔ ٹرین کبھی سوکھے ہوئے بنجر زمین سے گزرتی تو کبھی ہریالی بھری چھوٹی پہاڑیوں سے۔ کبھی ہاتھی کی پشت کی طرح اُبھرے پٹھاروں سے تو کبھی ناریل کے جھنڈ کے درمیان سے اور کبھی دونوں طرف خوشبودار مسالوں کے جنگلات کے درمیان سے۔ ٹرین میں بیٹھے اس وقت کسی کا قول یاد آتا کہ جس نے ہندوستان کی سیر کرلی، اس نے

پوری دنیا دیکھ لی۔ حقیقتاً ہر ملک کی جغرافیائی، تہذیبی، ثقافتی، لسانی، سادگی اور رنگارنگی سمٹ کر ایک ہندوستان میں پھیل گئی ہے۔ بہار سے آندھرا تک کے اس سفر میں ہر طرح کے موسم، جنگلات، پہاڑ، پٹھار، پیڑ پودے، لوگوں کی زبان اور طرزِ رہائش وغیرہ سے سابقہ پڑا، حتیٰ کہ آدمی کی قد و کاٹھی، شکل و شباہت اور زبان و لہجہ پر بھی جغرافیائی اثرات دیکھنے کو ملے۔ جانوروں میں بھی کافی تفریق دیکھنے کو ملی۔ نیز صبح اور شام کو ٹرین سے گزرتے ہوئے سورج؛ طلوع اور غروب کے وقت، الگ الگ نظارے پیش کرتا۔

جب ہم لوگ میسور ریلوے اسٹیشن پر اُترے، وہاں اردو کے ادیب سلیم تمنائی صاحب موجود تھے جن کو پاشا صاحب نے بذریعہ پوسٹ کارڈ اطلاع کر دی تھی۔ دبلے پتلے اوسط قد کے سلیم تمنائی صاحب شرٹ پینٹ میں جھولا لٹکائے اسٹیشن پر انتظار کر رہے تھے۔ انھوں نے گرم جوشی سے استقبال کیا۔ اسٹیشن سے باہر نکلنے پر تمنائی صاحب نے پوچھا "ہوٹل چلنے کے لیے کیا پسند کریں گے شاہ پسند یا موٹر گاڑی؟" پاشا صاحب نے شاہ پسند یعنی بگھی نما ٹم ٹم کو ترجیح دی۔ ہم لوگوں کے ساتھ سلیم تمنائی صاحب ہوٹل بھی آئے۔ گھنٹوں گفتگو کرتے رہے اور درجنوں اردو کے ادبا، شعرا اور اساتذہ کا ذکر انھوں نے کیا جن کا وہ میسور میں استقبال کر چکے تھے۔

ہفتوں اسی ہوٹل میں ہم لوگوں کا قیام رہا۔ سویرے ٹورسٹ بس سے سیر و تفریح کے لیے نکل جاتے اور سات آٹھ بجے رات تک واپسی ہوتی۔ ہندوستان میں "ورندابن پارک" اس وقت اپنی نوعیت کا واحد پارک تھا جس میں فوارۂ رقص (Dancing Fountain) تھا۔ شام کے وقت موسیقی کی دھن پر اُس کے فوارے اچھلتے جیسے وہ ناچ رہے ہوں جس کو دیکھنے کے لیے ٹورسٹ حلقہ بنائے کھڑے ہو جاتے۔ میسور میں چامراج وڈیر کا محل اپنے شاہانہ رنگ و حسن کی وجہ سے سیاحوں کے لیے توجہ طلب

ہے۔ایک روز ہم لوگ شہید ٹیپو سلطان کے مقبرہ پر گئے۔ تاج محل کے طرز پر سنگ مرمر سے بنا ٹیپو سلطان کا مقبرہ جہاں پہنچ کر خود بخود آنکھیں نم ہو جاتی ہیں۔ ہم لوگوں نے فاتحہ خوانی کی۔ میسور سے ہم لوگ ایک روز اوٹی (نیل گیری) بھی گئے۔وہاں پہاڑیوں سے گزرتے ہوئے صاف دیکھا جارہا تھا کہ بادل لوگوں کے پاؤں کے نیچے گھوم رہا ہے۔ یہاں بڑی تعداد میں سیاح آتے ہیں اور وہاں کی خوبصورتی سے لطف اٹھاتے اور صحت بخش فضا میں تازگی محسوس کرتے ہیں۔ ایک دن سلیم تمنائی اور طیب انصاری صاحب نے پاشا صاحب کے اعزاز میں "انجمن اشاعتِ اردو، میسور" کی وسیع و عریض عمارت میں ایک نشست کا اہتمام کیا۔ اچھی خاصی تعداد میں اردو داں طبقہ جمع ہو گیا تھا۔ علم وادب پر پاشا صاحب کی شگفتہ بیانی اور پُر کشش شخصیت نے سماں باندھ دیا۔دوسرے روز اردو اور کنڑ زبان کے اخبار میں اس کی رپورٹنگ آئی۔ سلیم تمنائی صاحب نے اپنی کتاب "قومی یکجہتی اور دکن دیش" پاشا صاحب کے ساتھ ایک جلد راقم کو بھی عنایت کی۔ ان کی یہ کتاب فخر الدین علی احمد میموریل کمیٹی، لکھنؤ (اتر پردیش) کے مالی تعاون سے شائع ہوئی ہے۔

میسور سے مدراس کے لیے ہم لوگ بذریعہ ٹرین روانہ ہوئے۔ پاشا صاحب کا کہنا تھا "مدراس پہلے چلنا چاہیے تھا،واپسی میں میسور کی سیر کی جاتی۔ اگلے برس حیدرآباد کی سیاحت کا منصوبہ بنے گا۔"لیکن بدقسمتی سے اگلے برس ۲۶/ اکتوبر ۱۹۸۷ء کو پاشا صاحب سب کو روتے بلکتے چھوڑ کر فردوسِ بریں روانہ ہو گئے۔ بہر کیف! ہم لوگ چینئی اسٹیشن پر اترے اور وہاں سے "مسلم مسافر خانہ" جو اسٹیشن سے بہت دور نہیں ہے، اس میں قیام کیا۔ مسافر خانہ کے ضابطہ کے مطابق اس وقت قیام کرنے والے مسافروں کو مہمان تصور کرتے ہوئے تین روز تک کوئی کرایہ نہیں لیا جاتا تھا۔ اس کے بعد کا کرایہ وصول کیا جاتا

تھا۔ مسافر خانہ کا کرایہ کیا تھا بلکہ اس سفر میں بڑے ہوٹلوں میں قیام کرنے، ٹورسٹ بس سے تاریخی مقامات کی سیر اور عمدہ ہوٹلوں میں خورد و نوش میں کیا خرچ ہوتا، اس سے راقم بے نیاز تھا۔ چینئی کے مسلم مسافر خانہ میں جو لوگ قیام کرتے، صبح اذان کے وقت بیدار کرادیا جاتا۔ ایک صاحب کھڑیوں پر ڈنڈے سے چوٹ کرتے اور کہتے۔ "اٹھو! اٹھو! نماز کا وقت ہو گیا ہے۔" اس میں ایک چھوٹی سی مسجد بھی ہے۔

چینئی میں بھی سابقہ شہروں کی طرح ٹورسٹ بس سے ہم لوگ سیر و تفریح کے لیے نکلتے اور شام کو واپس آتے۔ چینئی میں چھوٹے سے بڑے ہوٹلوں میں کھانے کے ساتھ دو تین طرح کا سوپ ضرور رکھا جاتا تھا جب کہ میسور میں ناریل کا چلن عام تھا۔ وہاں گوشت کے شوربے میں بھی ناریل کی گڑی پیس کر ڈالی جاتی ہے جس سے شوربہ سفید ہو جاتا ہے اور سالن کا تیکھا پن ختم ہو جاتا ہے۔ بہر کیف! چینئی کے سبھی تاریخی مقامات پر گئے اور ایک پورا دن "گولڈن سی بیچ" کے لیے نکالا گیا۔ واقعی قابلِ دید ہے۔ یہاں زبان کا مسئلہ بھی پیش آتا رہا کہ وہاں اردو اور ہندی بولنے سمجھنے والے بڑی مشکل سے ملتے ہیں اور ہر راہ گیر انگریزی سے بھی واقف نہیں ہوتا۔ ایک روز ہم لوگ مدراس یونی ورسٹی کے عربی، فارسی اور اردو کے شعبہ میں گئے۔ وہاں اس وقت پروفیسر نجم الہدیٰ صاحب صدرِ شعبہ تھے۔ دکن کی ریاستوں میں اردو کے تعلق سے اس وقت شعبہ کے کسی کام یا تقریب میں ان کی شمولیت ناگزیر تصور کی جاتی۔ اس سے قبل وہ بہار یونی ورسٹی کے شعبۂ اردو سے وابستہ تھے اور ڈاکٹر حاتم رام پوری، پروفیسر نازؔ قادری صاحب، پروفیسر فاروق احمد صدیقی ان کے عزیز شاگردوں میں تھے۔ بہر حال! انھوں نے پاشا صاحب اور ہم لوگوں کو خندہ پیشانی سے خوش آمدید کہا اور میری طرف سوالیہ نظروں سے دیکھا۔ میں نے عرض کیا کہ "میں آپ کا پوتا شاگرد ہوں۔ پروفیسر ناز

قادری صاحب کی نگرانی میں تحقیقی مقالہ تحریر کر رہا ہوں۔" پروفیسر نجم الہدیٰ صاحب "پوتا شاگرد" سے محظوظ ہوئے اور دہراتے ہوئے زبردست قہقہہ لگائے۔ اور بہت دیر تک قسطوں میں قہقہہ لگاتے رہے۔ ان کے قہقہے مشہور ہیں۔ انھوں نے اپنی رہائش پر آنے اور تناول کے لیے مدعو کیا۔ اس وقت مدراس یونیورسٹی کے شعبۂ اردو میں ڈاکٹر صفی اللہ صاحب بھی استاد کی حیثیت سے اپنی خدمات انجام دے رہے تھے۔ بہت پُروقار شعبہ تھا۔ شعبہ کے آداب اور طریقے قابلِ رشک تھے۔ پاشا صاحب کے قریبی مراسم علیم صبا نویدی سے بھی تھے اور ان کو پاشا صاحب کی آمد کی اطلاع ہو چکی تھی۔ لہٰذا انھوں نے بھی ایک روز اپنے یہاں ضیافت کی۔ مدراس میں بھی پاشا صاحب کے اعزاز میں نشستیں ہوئیں جس کی رپورٹنگ دوسرے روز کے اخبار میں پڑھنے کو ملی۔ مہینوں کی سیر و تفریح اور چینئی کے کھارے پانی نے سب کی شکل و صورت بدل دی۔ چہرے پر نکھار آگیا تھا۔ چینئی سے سیوان واپسی کے بعد علمی و ادبی توانائی عود کر آئی تھی اور سیاحتی سفر کے ارکان نئے حوصلے، امنگ، انبساط اور الطاف کے ساتھ کاروبارِ زیست میں منہمک ہو گئے۔

***

ادیبوں کی قسمیں

ہندوستان اور پاکستان کی اگر رائے شماری کی جائے تو نوے فیصدی ادیب نکلے گا باقی دس فیصدی پڑھا لکھا، لیکن اگر شعرا حضرات کے سلسلے میں گنتی گنی جائے تو پتہ چلے گا کہ پورا آوے کا آوا ہی ٹیڑھا ہے۔ اب ذرا یہ بھی سوچئے کہ رائے شماری کرنے والے عملے کا کیا حشر ہو گا، آدھا عملہ تو یقیناً شعراء کے کلام پر سر دھن دھن کر جان دے چکا ہو گا کیوں کہ یہ زیادتی ہو گی کہ شاعر کے پاس کوئی جائے اور اس کے کلام سے محروم رہے۔ اس سلسلہ میں شاعر کو ہمیشہ مجبور اور معصوم سمجھنا چاہیے۔ بقیہ بہرے اور مجذوب ہو جائیں گے۔ اگر کسی کی زندگی نے وفا کی تو یقیناً وہ شاعر بچ نکلے گا۔ اس طوائف الملوکی اور افراتفری کے عالم میں پھر سوائے اس کے کوئی چارہ نہ رہے گا کہ محکمۂ آثارِ قدیمہ عملہ کے دفتر کو اپنی نگرانی میں لے لے تاکہ سند رہے اور بوقت ضرورت کام آئے۔

یہ حشرات الارض کی طرح پھیلے ہوئے ادیب، انواع واقسام کے رنگ برنگے ہوتے ہیں، ذرا ان کی کنیچل تو اتار کر دیکھئے، دن میں تارے نظر آنے لگیں گے۔

کانفرنسوں والے ادیبوں کو لے لیجئے۔ یہ آپ کو ہر کانفرنس میں تقریر کرتے زہرہ جبینوں کے جھرمٹ میں آٹو گراف دیتے، دعوتیں کھاتے اور سفر خرچ وصول کرتے نظر آئیں گے۔ بلا ان کے کوئی کانفرنس کامیاب نہیں ہو سکتی۔ ادھر کانفرنس ختم ہوئی اور یہ غائب۔ قسم لے لیجئے جو کبھی ان کو پڑھتے لکھتے کسی نے پایا ہو۔ شعر وادب سے ان کو دور

کا علاقہ بھی نہ ہو گا۔ اگر یہ کسی مقام پر پائے جائیں تو سمجھ جایئے کہ یہ کسی کانفرنس کی آمد آمد کا پیش خیمہ ہی، کانفرنسوں میں شرکت کرنا اور اخبارات میں وقتاً فوقتاً بیانات دینا ان کا مقصدِ حیات ہے۔ غرض یہ ادب کے ہر موڑ پر آپ کو جھنڈی دکھاتے ہوئے مل جائیں گے۔ ان سے آپ کو کانفرنس تا کانفرنس ہی نیاز حاصل ہو سکتا ہے۔ کسی کانفرنس والے ادیب نے جب آٹو گراف بک پر دستخط کئے تو ان سے درخواست کی گئی کہ آپ اس پر لکھ بھی دیجئے۔ ان حضرت نے جواب دیا، "لکھتا نہیں ہوں!"

کانفرنس کے بعد شاعروں کی شامت آتی ہے۔ وہیں جا کر یہ انکشاف ہو گا کہ بڑا ابڑا شاعر پڑا ہوا ہے، جس کا کبھی نام بھی نہ سنا تھا مگر شاعر ہے اور ایسا کہ مشاعرہ لوٹ شاعر ہو گا۔ اس سے بحث نہیں کہ مصرعہ دب رہا ہے بحر سے خارج ہے، رکن گر گیا یا غزل کی غزل بحر زخار میں غوطہ زن ہے۔ کہی بھی ہے یا کسی سے کہلوا کر لائے ہیں۔ اگر ان کے شعر پر اعتراض کر و اس کے معنی پوچھ لو، یا ان کی شاعری کی وجہ تسمیہ، ان کو سانپ سونگھ جائے۔ محفل درہم و برہم ہو جائے، مشاعرہ اکھڑ جائے، اور آپ کو بجائے گھر واپس جانے کے اسپتال کا رخ کرنا پڑے۔

ان ادیبوں کا کوئی ذکر نہیں جو کانفرنس اور مشاعرے منعقد کرواتے ہیں۔ ان کا کام آنے والے مہمانوں سے سفر خرچ کے سلسلہ میں مول تول کرنا۔ خط و کتابت، بھاگ دوڑ، لاؤڈ اسپیکر سے اعلان کرنا، اشتہارات لگانا۔ پان سگرٹ پیش کرنے کے علاوہ استادوں کی چلمیں بھرنا۔ والینٹر، سکریٹری، اناؤنسر وغیرہ بننا۔ شراب و شعر کی تنظیم کرنا، اس موقع پر دنیا بھر کے فتنے اور کارٹون جمع کر کے آخر میں ان کے ساتھ اپنی تصاویر کھنچوا لینا۔ اگر ادیب زیادہ منتظم ثابت ہوا تو ایک آدھ سوٹ یا شیروانی بنوالی۔ بنیے یا سگرٹ والے کا قرضہ اتار دیا۔ نہ حساب دیا نہ حساب مانگا۔ شکریہ سب سے گھاٹے میں ادا کیا۔ مقامی

ادیبوں نے آنے والے ادیبوں سے درخواست کی، "لکھتے وقت ان کا بھی خیال رکھئے گا۔ یہ ابھرتے ہوئے ہیں۔" ڈوبنے والے کو کسی کے ابھرنے پر بھلا کیا اعتراض ہو سکتا ہے۔ مگر ان کا خیال تب ہی کیا جاتا ہے جب کہ دوبارہ اس قسم کا خیال چھیڑا جائے اور یہ بھی ان کا خیال رکھیں۔

ان سے معقول تو وہ لوگ ہوتے ہیں جو دن رات کسی کافی ہاؤس یا شراب خانے میں بیٹھے رہتے ہیں۔ گپ لڑاتے، ادب اور آرٹ کا بخیہ ادھیڑتے یعنی، ٹیبل ٹاک کرتے اور اپنے کو ادیب کہتے ہیں۔ نہ انہوں نے لکھنے پڑھنے کی جانب بھی توجہ کی نہ اس کے ارادے رکھتے ہیں۔ مگر ان کے بغل میں ایک موٹی سی کتاب یا ڈائری ضرور دبی ہو گی۔ بہت ممکن ہے کہ یہ آپ سے کافی بھی پی لیں یا اپنے کھانے کا بل بھی آپ ہی سے ادا کرا دیں مگر اس کے باوجود یہ اپنی حرکات و سکنات، چال ڈھال، پوشاک، خوراک، بات چیت سے سر تا پا ادیب دکھائی دیں گے۔ ان کے چاروں طرف ایک انٹلیکچول ماحول ہو گا۔ مارکس، نیوٹن، آئنسٹائین، رسل، ایلیٹ، میر، غالبؔ، شکسپیئر کا نام سنتے سنتے آپ کے کان پک جائیں گے۔ سوشالوجی اور اکنامک کی لمبی لمبی بحثیں آپ کو اپنے میں الجھالیں گی۔ آپ ان کو ادیب سمجھیں گے ان سے ادب پر بات کریں گے مگر آپ کی یہ مجال نہ ہو گی کہ آپ ان سے دریافت بھی کر سکیں کہ حضور آپ اور ادب؟

ان ہی کے بڑے بھائی، ڈرائینگ روم کے ادیب کہلاتے ہیں۔ یہ پورے ادب کو اسی نظر سے دیکھتے ہیں، گویا اپنے ماتحتوں کو جھڑک رہے ہوں۔ کوئی ان کی نظر میں سماتا ہی نہیں۔ ان کی ذاتی لائبریری شہر اور یونیورسٹی کی بڑی سے بڑی لائبریریوں کا مقابلہ کرتی ہے۔ جس میں نوے فی صدی کتابوں کے کاغذ کٹے ہوئے نہیں ہوتے اور بقیہ دس فی صدی کو دیمک چاٹ جاتی ہے، باقی کتابیں یہ بڑے ذوق وشوق اور جی جان سے پڑھتے

ہیں۔ اگر یہ کوئی غزل، افسانہ یا مقالہ تخلیق کرنے میں کبھی کبھار کامیاب بھی ہو جاتے ہیں تو ان کو فکر ہوتی ہے کہ اب یہ سنایا کس کو جائے۔ کم سے کم پڑھا لکھا تو ہو، جس کے لیے یہ منتظر رہتے ہیں کہ متصل اضلاع میں بھی اگر کوئی راجہ مہاراجہ، غیر ملکی سفیر یا کوئی بہت بڑا افسر گرے تو یہ اس کے اعزاز میں باقاعدہ گارڈن پارٹی دیتے ہیں۔ جب بدقت تمام دو چار پڑھے لکھوں کو جمع کرنے میں یہ کامیاب ہو جاتے ہیں تو اس کی خدمت میں اپنی تخلیق پیش کرتے ہیں، پھر جس پر ہفتوں بحث مباحثے ہوتے ہیں۔ غرض اچھی خاصی ادبی فضا پیدا ہو جاتی ہے ایک صاحب نے مقالہ لکھا جب عرصے تک کوئی معقول پڑھا لکھا ادیب نہیں مل سکا تو مجبوراً اس کو سنانے وہ اپنے کسی دوست کے پاس ہوائی جہاز سے جرمنی چلے گئے۔ بس ان کی دنیا ڈرائنگ روم تک محدود ہے۔ یہ ادبی عجائب خانے کے شوکیس کے مہمان ہیں۔ اس کے باہر نہ یہ ادب پر بات کریں گے اور نہ سنیں گے اگر بھولے بھٹکے یہ کس مشاعرے یا کانفرنس کی صدارت کے لیے آمادہ ہو جائیں اور اپنی تخلیق سے پبلک کو فیض یاب کریں، اس وقت جتنی زیادہ بور ان کی چیز ہو گی اتنی زیادہ واہ واہ ہو گی۔ ان کے ملازم، ماتحت اور کلرک اگر اس موقع پر تعریف نہ کریں، تو دوسرے دن ان سے جواب طلب کر لیا جائے یا تخفیف میں آ جائیں۔

ان کے چھوٹے بھائی ادب برائے طاق کے قائل ہیں اور ادبی روایات کی ڈور کا سرا علم سینہ سے ملاتے ہیں۔ اول تو آپ کو ہوا ہی نہیں لگنے دیں گے کہ ہم بھی کچھ جانتے ہیں لیکن اگر آپ کو گھانس ڈالی بھی اور آپ نے چرنے کے خیال سے منہ مارا بھی، تو بدقت تمام وہ مل تو لیں گے آپ سے مگر اس انداز سے گویا اپنی طبیعت پر جبر کرنے کے علاوہ آپ پر احسان عظیم بھی فرما رہے ہیں۔ اس کو بلا سنجیدگی طاری کر لیں گے کہ آپ کو محسوس ہو کہ داروغہ پولیس بلا ضمانتی وارنٹ کے آپ کے سر پر موجود ہے۔ سب سے پہلے تو وہ یہ

انکشاف کریں گے کہ آج تک نہ کچھ لکھا گیا ہے نہ آئندہ امید ہے اور جو کچھ نظر آرہا ہے وہ خس وخاشاک ہے۔ پھر اگر مناسب سمجھیں گے تو اپنے ذکر خیر کے ساتھ کہ وہ ہماری تخلیقات ہیں آزار بند میں بندھی ہوئی کنجی آپ کو دکھاتے ہوئے کہیں گے، وہ صندوق میں سب کچھ محفوظ ہے اور زیادہ اہم تشریحات سینے میں محفوظ ہیں۔

خاکسار کی نظر سے ایسے ادیب بھی گزرے ہیں جو مع لاؤلشکر کے صفیں ترتیب دیتے ہوئے خود علم کا پھریرا بلند کیے قلب میں موجود، منزلوں پر منزلیں مارتے چلے جارہے ہیں۔ اردو کے نام پر فدا اور اپنے خیال میں ادب کے واحد مشکل کشا اور محافظ، کسی جانب سے اگر ذرا بھی سرکشی کا خطرہ ہوا، فوراً کنوتیاں کھڑی ہو گئیں۔ کوچ کا حکم دے دیا گیا کہ جاؤ فنا ہو جاؤ، مٹ جاؤ اور مٹا دو۔ مگر بہادرو تم ادب سے ہو اور ادب تم سے ہے۔ یاد رکھو اگر تم پسپا ہو گئے تو تاریخ ادب کے صفحے پر تمہارا نشان بھی نہ ملے گا۔ غنیم کی یہ مجال کہ ہم پر جملہ پھینکے ان ملک ادب کے شہریاروں اور دیسی راجا نوابوں کی نقل و حرکت کا پتہ رسائل میں چھپنے والے خطوط مضامین اور اداریوں سے ہوتا ہے، جن کی پہچان یہ ہے کہ مخالفت یا موافقت کرنے والے کا نام عموماً فرضی ہوتا ہے اور اس پر وہ زنگاری کے پیچھے حقیقت میں معترض یا معترف خود بہ نفس نفیس موجود ہوتے ہیں، ادھر کسی بات نے طبع نازک پر گرانی کی اور جنگ مغلوبہ شروع ہو گئی۔ یہ جس کی لاٹھی اس کی بھینس کو اپنا آئیڈیل بناتے ہیں۔ بھینس کی ان کے ہوتے ضرورت نہیں پڑتی اور لاٹھی چارج فریق مخالف کی جانب سے ہوتا ہی ہے۔ اس سے ان کا مقصد بھی حل ہو جاتا ہے کہ لوگ جان جائیں کہ:

ہم بھی ہیں پانچویں سواروں میں۔

اگر اکیلے بڑھے تو کسی طرف سے شہ نہ پڑ جائے اس لیے شاگردوں کا پورا لشکر ساتھ

رکھتے ہیں چونکہ اپنا رنگ نکالنا جان جوکھم کا کام ہوتا ہے، اس لیے اساتذہ کے رنگ میں طبع آزمائی کی جاتی ہے۔ بعد میں حریف توارد کا الزام لگاتا ہے اور آخر میں ثابت یہ ہوتا ہے کہ وہ توارد نہیں سرقہ تھا۔ غلط بات کو صحیح اور صحیح کو غلط ثابت کرنے پر سارا زور قلم صرف کر دیا جاتا ہے۔ جب اس پر سنوائی نہیں ہوتی تو اپنی شان میں قصیدے فرضی ناموں سے بھیج کر ناک میں دم کر دیا جاتا ہے کہ، تعریف نہیں کروگے تو جاؤ گے کہاں۔

ادیبوں کی ایک قسم اور ہوتی ہے ان کو ادب کا کنٹرولر بھی کہا جاسکتا ہے اور گارڈ بھی جو کبھی سرح جھنڈی دکھا کر روک دے اور کبھی ہری جھنڈی دکھا کر چلتا کر دے۔ یہ ادب کے بابا لوگ ہوتے ہیں۔ اگر ان کی تیوری پر بل آجائے تو کفر کا فتویٰ دے دیں اور خوش ہو جائیں تو دن پھر جائیں، یہ رسالے نکالتے اور دیباچے لکھتے ہیں۔ زیادہ موڈ میں آگئے تو ایک آدھ تعارف بھی لکھ ڈالا۔ چلئے اللہ اللہ خیر صلّا، ان سے منحرف ہونا آسان نہیں ہوتا۔ بس جو یہ چاہیں گے وہی ہوگا ادب کے میدان میں ان کی پوزیشن ٹریفک کانسٹبل کی سی ہوتی ہے، کبھی خوش نما موٹر گذر جانے دیا اور کبھی لاش گاڑی بھی روک دی۔ ان کا کام سرپرستی اور نگرانی تک محدود ہوتا ہے۔ بس یہ دیکھ دیکھ کر خوش ہوتے ہیں کہ بچے کھیل رہے ہیں، یا کبھی مسکرا کر منع کر دیا ہے۔ بے بی دھول میں مت کھیلو کپڑے خراب ہو جائیں گے۔ مگر خواہش یہی رہے گی کہ یہ تازہ واروان بساط بگڑنہ جائیں۔ اگر ان سے اصلاح نہ لو یا ان کا شاگرد اپنے کو تسلیم نہ کرو تو ان کی خودی کو بڑی ٹھیس لگتی ہے کہ یہ نئی پود بڑی خود سر معلوم ہوتی ہے ضرور کچھ نہ کچھ گل کھلا کر رہے گی۔ آپ انہیں استاد مان لیجئے یہ آپ کو ادیب تسلیم کرلیں گے، جہاں آپ نے ان سے زیادہ تین پانچ کی اور بنایا انہوں نے مرغا یا بینچ پر کھڑا کر دیا۔ اگر بھول چوک میں ان سے کوئی ہوائی سرہو جائے تو یکایک سارے ادب کی مشینری حرکت میں آجاتی ہے۔ کوئی بھی تذکرہ بلا

اس شاہکار کے ذکر خیر کے تشنہ تصور کیا جاتا ہے۔

ابھی حال میں ادیبوں کی ایک اور قسم بھی دریافت کی گئی ہے ان کو ادیب تو نہیں مگر ادیبوں کا حاشیہ بردار (سخن فہم) ضرور کہا جاسکتا ہے جس سے بھی ان کی لڑائی دوستی یا خط وکتابت ہو، سمجھ لیجئے کہ وہ ادیب ہے مگر یہ خود قسم کھانے کو بھی ادیب نہیں ہوتے۔ یہ قلمی دوستی کے شائق ہوتے ہیں۔ کتابیں اور رسالے خریدیں گے، ادبی رسائل کی بزم مکالمات میں جمع ہوں گے۔ ایڈیٹر کو بھیّا بنا کر پوچھیں گے، آپ شادی کب تک کر رہے ہیں؟ اپنی تصویر کب تک چھاپ رہے ہیں؟ یا فلاں فلاں صاحب کی تخلیقات پسند آئیں۔ ان کے سوال اور خطوط ان کے ادیب ہونے کی دلیل ہوتے ہیں۔ ابھی تک کسی ایسے ادیب کا مجموعہ نظر سے نہیں گزرا مگر چند پرائیویٹ البم ضرور دیکھنے کا گناہ گار ہوں جن میں تصویروں کے بجائے سوال جواب اور خط چسپاں تھے۔ شوق بُرا نہیں! یہ کتابوں پر تبصرے بھی کرتے ہیں، مگر مناسب حد تک کتاب اور مصنف کا نام، پڑھی یا نہیں پڑھی۔ ہاں نہیں سے آگے نہیں بڑھتے۔

انہی کے ایک اور بھائی بند دریافت کئے گئے ہیں جس کو ہم آپ 'ڈاکیہ' کہتے ہیں۔ چٹھی رساں، ادب کے لیے خوفناک حد تک ضرر رساں ہونے کے باوجود بہت بڑا ادیب اور نقاد ہوتا ہے۔ یہ روز مرہ کی ڈاک پر بڑی سخت تنقید کرتا ہے۔۔۔ میں بہت سا ادب نذرِ آتش ہو جاتا ہے اور سوائے چائے کے کچھ برآمد نہیں ہوتا جس کو ردی سمجھتا ہے بنیے کے ہاتھ بیچ ڈالتا ہے۔ اس طرح فضول چیز کو بھی نفع بخش بنا دیتا ہے۔ اس کو ہمارے ادب کی اصطلاح میں گلی تنقید کہتے ہیں۔ اس کے مطالعے کے ذوق وشوق اور لگن کا اندازہ اسی سے لگایا جاسکتا ہے کہ شاید ہی کوئی رسالہ یا کتاب ایسی ہو جس کو یہ اپنے مطالعے کے لیے نہ رکھ لے۔ جن پر مغزاداریوں میں اس کا ذکر خیر ہوتا ہے ان کو بھی یہ اپنے مطالعے کے

لیے محفوظ کرلیتا ہے۔ اس میں ادبی سوجھ بوجھ کے ساتھ گہرائی بھی ہوتی ہے جس کی وجہ سے بجائے اظہار کرنے کے خاموشی کے ساتھ اپنے کام میں لگا رہتا ہے۔

نہ جانے آپ نے برخود غلط ادیب، اور 'مہمل گو شاعر' دیکھے اور سنے ہیں یا نہیں، لکھنے پڑھنے سے باپ مارے کا بیر، مگر اکڑے ہوئے اس طرح گویا آپ ہی بابائے ادب، ہیں۔ کسی کو خاطر میں نہیں لا رہے ہیں، بس تنے جا رہے ہیں۔ کسی کو گھورا کسی کو ٹوکا، کسی کو نظر انداز کر دیا، کسی کو جھڑک دیا۔ تنقید کا معیار، ٹیبل ٹاک کے وقت اتنا بلند ہوگا کہ کیڑے بھی بنیں گے تو کم از کم افلاطون یا اس کے استاد کو اپنے کو ادب کا قطب مینار بتائیں گے، کوئی معیار پر پورا اترے گا ہی نہیں لیکن ان کے کلام کی خامیاں اگر صلاح کی غرض سے بھی آپ انھیں سمجھانا چاہیں گے بس اکڑ جائیں گے۔ ہنگامہ برپا کر دیں گے۔ ساری مخالفت کی بنا پر یہ ہوگی کہ جب ہم کام نہیں کرتے تو انہوں نے کوئی کام کیا ہی کیوں، اگر آپ ان کے آدمی ہیں تو اس چیز کو صحیفۂ آسمانی قرار دیں گے ورنہ اسی چیز میں شاید ہی کوئی ایسی خامی ہو جس کو یہ اس وقت نہ سمجھا دیں۔ ان کے یہاں تنقید کے پیمانے ذاتی تعلقات کی مدد سے تیار کئے جاتے ہیں۔ تشاعر کا مستقل اصرار اسی پر ہوتا ہے کہ فی الحال اسے شاعر تسلیم کرلیا جائے۔ شعر بامعنی ہو یا بے معنی مگر داد میں بخل سے کام نہ لیا جائے۔

گمنام ادیب عموماً قصبات سے تعلق رکھتے ہیں۔ دیہات کی تازہ اور کھلی ہوئی فضا میں بنجر او سرزمین پر ادب کی کاشت کرتے ہیں۔ ادب ان کے گھر کی کھیتی ہوتی ہی ہے۔ تخلص میں مقامیت کو دخل ہوتا ہے، اگر بانگڑ مئو کا ہے تو بانگڑ مئوئی، بلبیلا کا ہے تو بلبیلا ٹک کہلانے پر اصرار کرے گا۔ ان کی تخلیقات قوالیاں، کجری، پکے پکے گانے، سہرے اور ان کے کلام بلاغت نظام کے گلدستے ہوتے ہیں جو آپ کو بازار سے ایک آنہ میں بکفایت

مل سکتے ہیں۔ بیڑی اور دانت کے منجن کے باقاعدہ جلوس، میلے اور عرس کے موقعوں پر یہ آپ مفت بھی سن سکتے ہیں۔ اس کے علاوہ مختلف، مفید رسالے بھی یہ برابر شائع کرتے رہتے ہیں مثلاً ایسی جنتریاں جو نہ صرف آپ کی قسمت بتادیں، تندرستی اور جڑی بوٹیوں کے راز، سیکڑوں خفیہ چٹکلے، روزگار اور دولت پیدا کرنے کے لیے بے شمار طریقے، آپ کیا کمائیں۔ غرض آپ چاہیں تو ان کی مدد سے بہ آسانی ہر فن مولا ہو سکتے ہیں۔ چاہیں تو ان کی مدد سے صحیح معمہ بھر کر یا ڈربی کی لاٹری خرید کر لاکھوں کے مالک بہ آسانی بن سکتے ہیں۔ ان میں جو ترقی کر جاتے ہیں پھر وہ صرف کتابیں لکھتے ہیں۔ بس دھڑا دھڑ چلی آرہی ہے کتاب پر کتاب، جاسوسی، رومانی، تاریخی، سنسنی خیز اور بے ہوش کر دینے والی۔ آپ کی راتوں کی نیند اور بھوک غائب ہو جائے گی۔ پڑھنے کے بعد شاید آپ خود بھی غائب ہو جائیں۔ اس میں ادب وغیرہ کا زیادہ چکر نہیں ہوتا۔ اگر تاریخی ہے تو اس میں سوائے تاریخ کے سب کچھ مل جائے گا۔ اور ناول ہے تو بس ناول نہ ہوگی اور ہر چیز ہو سکتی ہے۔ چونکہ بچوں کے لیے لکھنا سب سے مشکل سمجھا جاتا ہے، اس لئے سمجھ سے کام لے کر یہ سب کے سب بہ آسانی بچوں کے ادیب بن جاتے ہیں۔ سوائے اس کے اور کچھ نہیں کرنا پڑتا کہ انسان لکھتے وقت بچہ بن جائے پھر ہر قسم کی نادانی اور حماقت کر سکتا ہے۔

ادب کو گھر کی لونڈی سمجھنے والے ادیبوں کی کبھی کمی نہیں تھی۔ پہلے عربی فارسی زدہ سمجھتے تھے کہ جب چاہیں گے اور جو چاہیں گے لکھ دیں گے، پتھر کی لکیر ہو جائے گا۔ اس کے بعد انگریزی داں حضرات نے بھی اس سے یہ سوتاپا برتنا چاہا مگر یہ حضرات نہ ادھر کے رہے نہ ادھر کے۔ اگر کبھی یہ کسی کو خاطر میں لائے تو اس وجہ سے کہ اپنا عزیز نکل آیا تو مروت بھی آگئی۔ ان حضرات کی لگام کسنے کے لیے کچھ ایسے ثقہ حضرات

میدان میں عمل میں نمودار ہوئے جنھوں نے آتے ہی ثابت کر دیا کہ یہ تاریخ وفات غلط ہے اور اس نام کا کوئی شخص تھا ہی نہیں۔ ان حضرات سے جان بچانے کے لئے کسی نے مذہب کی آڑلی اور کوئی بالکل سامنے آگیا۔ کسی نے چھکّا مارا اور ایک ہی تصنیف پر اتنی واہ واہ ہوگئی کہ ڈر کے مارے پھر دکھائی بھی نہیں دیئے کہ اگر اب کی چوک گئے تو رہی سہی ساکھ بھی جائے گی اور کچھ اچھا خاصہ لکھتے لکھتے خاصہ بور لکھنے لگے۔

مگر افسوس تو ان ادیبوں پر ہے جو لکھ سکتے ہیں مگر نہیں لکھتے۔ نہ لکھنے کا علاج ہی کیا؟

مگر سب سے دلچسپ ادیب وہ ہوتے ہیں کہ اچھے خاصے افسانے لکھ سکتے ہیں کہ بے شمار بور ڈرامہ پر ڈرامہ لکھے چلے جا رہے ہیں یا شاعر اچھا خاشہ مگر بن بیٹھا ناولسٹ، ایک سے ایک نامعقول قسم کی ناولیں بک اسٹال سے بر آمد ہوتی چلی آ رہی ہیں۔

آخری قسم ادیبوں کی وہ ہوتی ہے جو اپنے ماتحتوں سے لکھو لکھوا کر بہت جلد ادب میں قطب کی حیثیت اختیار کر لیتی ہے۔ یہ ادیب کم اور گلیر بوائے زیادہ ہوتے ہیں۔ یہ کاؤ بوائے کی طرح ادب میں آتے ہیں اور بہت جلد ٹیڈی بوائے کی طرح غائب ہو جاتے ہیں۔

***

یونیورسٹی کے لڑکے

صاحب لڑکوں کی تو آج کل بھر مار ہے۔ جدھر دیکھیے لڑکے ہی لڑکے نظر آتے ہیں۔ گویا خدا کی قدرت کا جلوہ یہی لڑکے ہیں۔ گھر اندر لڑکے، گھر باہر لڑکے، پاس پڑوس میں لڑکے، محلہ محلہ لڑکے، گاؤں اور شہروں میں لڑکے، صوبے اور ملک میں لڑکے، غرض یہ کہ دنیا بھر میں لڑکے ہی لڑکے، جہاں تک نظر کام کرے گی لڑکے ہی لڑکے دکھائی دیں گے اور جہاں نظر کام نہ کرے گی وہاں کا کیا کہنا کیونکہ وہاں تو لڑکے ہوں گے ہی۔

یوں تو ان کی کاشت ہر موسم، ہر آب و ہوا اور ہر ملک میں کی جاتی ہے۔ لیکن آپ جانئے ہر ملک کی روایات الگ الگ ہوتی ہیں اور اسی میں شان ہے۔ ہمارے ملک کی شان چونکہ سب سے الگ ہے لہٰذا دنیا بھر میں لڑکوں کی کاشت کے اعتبار سے ہمارا ملک سب سے زرخیز واقع ہوا ہے۔ یہاں کے باشندوں نے بنجر مقامات پر بھی ان کی کاشت کر کے ملک کو زرخیز و مالا مال کر دیا ہے۔ اس کے بارے میں کچھ ماہرین کا خیال ہے "زیادہ غلّہ اگاؤ" کی تحریک کو جب سے "زیادہ لڑکے پڑھاؤ" میں سمویا گیا ہے تب سے یونیورسٹیاں لڑکوں سے کھچا کھچ بھرنے لگی ہیں۔ ان میں سے پہلی قسم "حوالی طلبا" کی ہے جو اسی نام سے مشہور بھی ہے، خود ان طلبا کے بارے میں اب تک یہ طے نہیں کہ واقعی ان کا وجود ہے بھی یا صرف 'حوالے کی کتابوں' کی طرح حوالے ہی حوالے ہیں۔ ان طلبا کو یونیورسٹی

کے ناخدا، لارڈ، منکر نکیر اور کراماً کاتبین بھی کہا جاسکتا ہے۔

یونیورسٹی میں ہونے والے کھیل تماشے، مشاعرے، قوالی، پکے گانے، ہلکے پھلکے پروگرام، جلسے، جلوس وغیرہ کے یہ سولہ آنے ذمہ دار ہوتے ہیں۔ ان کے نام سے یونیورسٹی بھر واقف ہوتی ہے۔ آس پاس کے موچی ان کے نام لے کر اپنی دکانیں سڑکوں کے کنارے جماتے ہیں۔ بات بات میں ان کی تصاویر اور بیانات اخبارات ہینڈ بلس ارلیف لیٹس میں اچھلتے نظر آتے ہیں۔ مگر یہ خود نظر نہیں آتے گو کہ ان کا ذکر ہوتا ہے۔ تمام انتظامی امور میں ان کا خاص و عام ہاتھ ہوتا ہے۔ یہ تخت رہے یا تختہ کے قائل ہوتے ہیں۔ مگر کچھ دشمنوں کا شک ہے کہ یہ لوگ فاترالعقل اور بوہیمین ہوتے ہیں جب کہ ہمارا شک ہے کہ بات کچھ اور ہے اور جو شاید خود ہم بھی نہیں جانتے ورنہ آپ سے کیا پردہ تھا۔

ان طلبا کی پہچان یہ ہے کہ یہ آپ کو ہر وقت چلتے پھرتے نظر آئیں گے۔ مگر ان کے چلنے کے راستے مقرر ہیں۔ اگر آپ کو ان کی تلاش آنکھ بند کر کے کرنا مقصود ہے تو ہماری رائے میں آپ کامن روم کے سامنے چلے جایئے۔ یہی ایک پر فضا مقام ہے جہاں یہ لوگ موقع پاتے ہی تبدیل آب و ہوا کی غرض سے پہنچ جاتے ہیں۔ ویسے یہ شام کو حضرت گنج میں ہوا خوری کرتے نظر آئیں گے جہاں یہ میل روز، ایروز، کوالٹی اور اسی طرح کے انگریزی ہوٹلوں میں نقرئی قہقہوں سے اپنے کھوکھلے قہقہے ملاتے ہوں گے۔ اگر آپ کو ان کی تمیز کرنا مقصود ہے تو آپ اپنی آنکھیں کھول کر ان کو بجائے تلاش کرنے کے ٹٹولئے یہ کہیں نہ کہیں زور زور سے کسی اہم مسئلے پر کسی نیم ریٹائرڈ قسم کے بزرگ سے بحث کرتے ہوں گے۔ ان کے پیچھے بہت سے عقیدت مندوں کا ہجوم ہوگا۔ خاص بات یہ ہوگی کہ سب انکا نام جانتے ہوں گے اور عام بات یہ ہوگی کہ یہ خود کسی کا نام نہ جانتے

ہوں گے۔ یہ آپ کو کسی نہ کسی لیڈر یا پروفیسر وغیرہ کو کسی ہونے والی میٹنگ کی صدارت کے لیے اکساتے ہوئے ملیں گے۔ ہر تقریب میں آپ بہ آسانی ان کو صدر کے دائیں بائیں پہلو میں دیکھ سکتے ہیں۔

تمام مقابلے غالباً انہی طلباء کے لیے کروائے جاتے ہیں۔ امتحانات میں فرسٹ کلاس اور تھرڈ کلاس شاید انہی نے جاری کروایا تھا۔ غرض یہ کہ وہ محفل محفل نہ ہو گی جہاں یہ پالا نہ مار لے جائیں۔ ہر لکھا پڑھی کے کام میں ان کا نام سب سے اوپر ہو گا یا سب سے نیچے مگر ہو گا ضرور۔ یہ تھوڑا سا فرق جو فرسٹ کلاس اور تھرڈ کلاس میں پیدا ہو جاتا ہے، وہ ان طلبا کی ستم ظریفی نہیں بلکہ خیالات کا ٹکراؤ ہے کیونکہ کچھ طلبا کا خیال ہے کہ ٹاپ اوپر سے یعنی ٹاپ سے کیا جائے اور کچھ کا خیال ہے کہ ٹاپ نیچے سے یعنی باٹم سے کیا جائے۔ ان کا اعتقا اسی بات پر ہے کہ ناک ناک ہی ہوتی ہے خواہ اِدھر سے پکڑ لو یا ادھر سے۔ باقی جو کسر ٹاپ کرنے میں رہ جاتی ہے وہ یہ طلبا، ٹیپ ٹاپ سے پوری کر لیتے ہیں۔ ان کے ٹیپ ٹاپ کرنے کے بھی دو طریقے ہیں۔ کچھ طلبا کا خیال ہے کہ "اعلی خیالات سادہ زندگی۔" جب کہ بقیہ طلبا کا قول ہے کہ نہیں نہیں "اعلی زندگی اور سادہ خیالات" ہونا چاہیے۔ مگر پروفیسر اوٹ پٹانگ کا خیال ہے کہ یہ طے کرنا بہت مشکل ہے کہ خیالات اور زندگی میں کس کو اعلیٰ اور کس کو سادہ ہونا چاہیے۔

طلباء کا دوسرا گروہ پہلے والے گروہ سے مختلف ہوتا ہے۔ یعنی زندگی اعلیٰ پسند کرتا ہے۔ اس کا ثبوت یہ ہے کہ آپ ان کے جوتوں میں جو شیشے سے زیادہ چمک دار ہوتے ہیں بہ آسانی اپنا چہرہ دیکھ سکتے ہیں۔ یہ نہایت اعلیٰ قسم کے سوٹ پہنے ہوتے ہیں جو ٹاٹ، چمڑے یا کینویس وغیرہ کے معلوم ہوتے ہیں۔ ان کے چہروں کے بارے میں ہم آپ سے کچھ نہیں کہہ سکتے کیونکہ آپ کو ان کے منہ پر کریم، پاؤڈر اور اسنو ملے گا مگر چہرہ

نہیں ملے گا۔ مگر ہاں اگر آپ نہار منہ صبح سویرے ان کا منہ دیکھنا گوارا کریں تو ممکن ہے ان کے چہرے کا درشن ہو جائے۔

ان طلبا کے بات چیت کے طریقے ان کے کھانے پینے کے طریقوں سے مختلف ہوتے ہیں مگر پھر بھی یہ معلوم ہوتا ہے کہ یہ بات نہیں کریں گے بلکہ کھا جائیں گے۔ جب کسی مسئلہ پر بات چیت ہو گی تو ایسا ظاہر کریں گے کہ بس ان کے جانے کی دیر ہے۔ گئے نہیں کہ مسئلہ حل ہوا۔ حالانکہ ان سے مسئلہ حل ہونا ایک دوسرا مسئلہ ہو گا مگر چونکہ ان کو بات چیت کرنے اور خطاب کرنے کی لت ہوتی ہے اس وجہ سے ہمیشہ صرف بڑے بڑے مسائل کو ہاتھ لگاتے ہیں اور بات کرنے میں برابر ہاتھ پیر ہلانے، گھونسا دکھانے، گردن ہلانے، کندھے اچکانے اور منھ چڑھانے سے بھی نہیں چوکتے۔

طلبا کی تیسری قسم وہ ہوتی ہے جن کو ہم "خیالی طلبا" کہہ سکتے ہیں۔ ان کے بارے میں ہمارا خیال ہے کہ یہ یونیورسٹی پڑھنے کے لیے نہیں آتے بلکہ یونیورسٹی میں خیال کی رفتار سے آتے جاتے رہتے ہیں۔ یہ طلبا ہمیشہ طوائف الملوکی میں مبتلا رہتے ہیں۔ ان کو درجوں سے سخت نفرت ہوتی ہے۔ کبھی کبھی یہ درجوں میں چلے جاتے ہیں مگر چونکہ دل کے بالکل صاف ہوتے ہیں اور اپنی صفائی میں فرق نہیں آنے دیتے ہیں۔ اس وجہ سے درجوں میں صرف سونے یا کسی کی تلاش کرنے کی غرض سے جانے کی تکلیف اٹھاتے ہیں اور جیسے صاف جاتے ہیں ویسے ہی لوٹ آتے ہیں۔ کسی پروفیسر سے جب یہ ٹکر لیتے ہیں جو عموماً ہو ہی جاتی ہے تو اس کو نہایت مزے لے لے کر بیان کرتے ہیں۔ ویسے ہوتے بہت اڑیل ہیں اور آسانی سے نہیں جاتے۔ عموماً جس کلاس میں ایک مرتبہ بھرتی ہوتے ہیں نہایت وضع داری سے چار پانچ سال تک اسی کلاس کو نبھاتے ہیں۔ دراصل ان کے منہ اس کلاس کا خون لگ جاتا ہے۔ ہو سکتا ہے یہ اپنے بچوں کا انتظار کرتے ہوں کہ ان کو اپنے

سامنے پڑھوانے کا موقع مل جائے۔ بہر حال ان کے یہاں دیر ہے اندھیر نہیں۔

ان طلباء کی نشست و برخاست یونیورسٹی کے کافی ہاؤس "اناپورنا"، "کپورز" اور یونین ہال میں ہوتی ہے۔ ویسے یہ گھاس پھوس پر بھی پائے جاتے ہیں۔ یہ لوگ وقت گزاری کے لیے موٹروں میں بیٹھتے ہیں۔ جس کے پاس موٹر نہیں ہوتی وہ کوئی نہ کوئی موٹر تلاش کرلیتا ہے۔ خواہ اس کے لیے انھیں ڈرائیور موٹر ہذا کی ڈانٹ پھٹکار سہنا پڑے یا اس کو سگریٹ پلانا پڑے۔ یہ طلبا کپڑوں کے بڑے شوقین ہوتے ہیں۔ اس وجہ سے ان کے کپڑوں کی تعریف کرنا چراغ کو سورج دکھلانا ہے۔ ان طلبا کا صدر مقام گرلس کامن روم کے آس پاس کا علاقہ ہے جہاں یہ اس کثرت سے جمع ہوتے ہیں کہ رونق پیدا ہو جاتی ہے اور اس کو یہاں کی زبان میں چہل پہل یعنی چلنا پھرنا کہتے ہیں۔ یہ بات کرنے میں ایک دوسرے پر کڑی نظر رکھتے ہیں اور لباس شناس ہوتے ہیں۔ ان میں کثرت ان طلبا کی ہوتی ہے جو سال بھر ایک ہی پتلون اور ایک ہی کوٹ کو استری سے رگڑ رگڑ کر اور ایک ہی ٹائی کو الٹ پلٹ کر لٹکاتے ہیں۔ یہ کسی بات سے نہیں چوکتے۔ ہر موقع سے پورا فائدہ اٹھاتے ہیں۔ مثلاً جاڑے کا موسم کیوں پسند کرتے ہیں؟ ان کو اس کا کیوں شدت سے انتظار رہتا ہے؟ صرف اس وجہ سے کہ جاڑے آتے ہی پھٹی ہوئی قمیص اور بنیائنیں استعمال کرنے کا موقع مل جاتا ہے۔ جاڑوں میں کپڑے کم میلے ہوتے ہیں۔ پورا جاڑا ایک شیروانی میں گزارا جاسکتا ہے جس کے اگر سب بٹن لگا لیے جائیں تو قمیص کی بچت ہوتی ہے۔

چوتھی قسم ہوتی ہے ان طلبا کی جو "سر پھرے" کہلاتے ہیں۔ آپ ان کو دیکھتے ہی بہ آسانی پہچان جائیں گے۔ ان کے دس کتابیں ادھر اور دس کتابیں ادھر بغل میں ہوں گی اور نہایت سنبھل سنبھل کر چلتے ہوئے نظر آئیں گے۔ یہ رہتے ہیں خیالات کی دنیا میں۔

بات اشاروں میں کرتے اور چلتے پر چھائیوں میں ہیں۔ یہ کتابیں پڑھنے کے لیے نہیں بلکہ بانٹنے کے لیے لاتے ہیں تا کہ کچھ لوگ ان سے متاثر ہوں۔ کچھ عبرت پکڑیں۔ ان کی موٹی موٹی کتابوں کے نام اور حوالے زبانی یاد ہوتے ہیں۔ جب یہ بات کرتے ہیں تو پتہ چلتا ہے کہ کسی لائبریری کا چپراسی بول رہا ہے۔ عام طور پر نادان لوگ دل ہی دل میں ان پر پیچ و تاب کھاتے ہیں اور منہ پر انھیں برداشت کیے رہتے ہیں۔ جب یہ آپ سے مجبوراً بات کرنے کے لیے رکیں گے تو یہ آپ کو سر سے پیر تک ایک گہری نظر سے اس طرح دیکھیں گے جیسے کہ یہ کسی شیر خوار بچے پر شفقت کر رہے ہوں۔ آپ ان کے سامنے کسی بہت قابل آدمی کا نام لے لیجیے، آپ کی مصیبت آجائے گی۔ فوراً بہت نفرت سے سنبھل سنبھل کر اور ٹھہر ٹھہر کر آنکھیں میچ میچ کر بھوں سکوڑ کر بولیں گے "ہونہہ" پھر اور آپ سے اس کی برائی شروع کر دیں گے۔ ان کا دن رات کا یہ کام ہے کہ دنیا بھر میں جو چیزیں بھی ہو اس کی ڈھونڈھ ڈھونڈھ کر برائی نکالیں گے۔ اگر مسکرانا چاہیں گے تو ہفتوں مسکرانے کے لیے زمین تیار کریں گے۔ جی کڑا کریں گے، اور آخر میں ناکام رہیں گے۔ ایسے لوگوں کی دنیا بھر تو شاگرد ہوتی ہے۔ اگر آپ ان کی تعریف نہ کریں گے تو بس غضب ہو جائے گا۔ "آپ جاہل ہیں۔ آپ کیا سمجھیں معاف کیجیے گا۔ آپ سے ملنے کے لیے تو مجھے اپنا معیار بہت گرا کر بات کرنا پڑتی ہے۔ اگر کوئی دیکھے تو آپ کا کیا جائے گا میری مفت میں بدنامی ہوگی۔" اگر آپ ان کی تعریف کر دیں تو یہ سمجھیں گے کہ بے وقوف بنا رہا ہے۔ اگر آپ ادب کریں تو یہ آپ کو بازار پان لینے کے لیے بھیج دیں گے۔

پانچویں قسم ہوتی ہے ان طلبا کی جو خانہ نشین کہلاتے ہیں۔ یہ بے چارے گھر سے گردن جھکا کر سیدھے یونیورسٹی پڑھنے آتے ہیں۔ یہ بہو بیٹیاں کیا جانیں کہ یونیورسٹی میں کیا ہوتا ہے۔ نہ اس کا غم کہ دنیا میں کیا ہو رہا ہے، نہ انہیں اس کی فکر کہ پہلے قیامت آئے

گی یا تیسری عالم گیر جنگ۔ در حقیقت یہ دردِ دل کو دردِ جہاں کا درجہ دینے کے سخت مخالف ہیں۔ یونیورسٹی میں پڑھتے ہیں، پھر ٹھاٹھ سے لائبریری میں گھس جاتے ہیں اور وہاں سے نو کدم گھر کی طرف بھاگتے ہیں۔ ان کو اس بات کا خوف رہتا ہے کہ اگر دیر ہو گئی تو کہیں امی نہ ماریں یا اگر راستے میں کسی نے چھیڑ دیا تو کیا ہو گا۔ اپنی عزت اپنے ہاتھ ہوتی ہے۔ گھر میں گھستے ہی یہ پھر پڑھنا لکھنا شروع کر دیتے ہیں۔ دوسرے دن پھر اسی طرح سے آتے ہیں اور گھنٹہ ختم ہونے پر ایک کلاس سے دوسرے کلاس میں اس طرح بے تحاشا بھاگ کر گھستے ہیں گویا ان کو کوئی کلاس میں جانے سے روک رہا ہو۔ آپس میں جگہ کے لیے بھی لڑتے ہیں۔ یہ کتاب کے کیڑے جب کتابوں کی دنیا سے باہر آتے ہیں تو ان کی حالت قابل رحم ہوتی ہے۔ امتحان میں ان کی زیادہ تعداد فیل ہو جاتی ہے کیونکہ آج کل جنرل پرچے زیادہ آتے ہیں جو ان کے بس سے باہر ہوتے ہیں۔ جب یہ ہنستے ہیں تو پتہ چلتا ہے کہ رو رہے ہیں۔ روئیں گے تو معلوم ہو گا کہ ہنس رہے ہیں۔ بات کریں گے تو معلوم ہو گا کہ پھاڑ کھائیں گے۔ اگر آہستہ گفتگو کریں گے تو پتہ چلے گا کہ کچھ مانگ یا سونگھ رہے ہیں۔ عام طور پر یہ بہت تنگ نظر ہوتے ہیں اور سوائے پڑھائی لکھائی کے، میں بالکل صفر ہوتے ہیں، ہر چیز بہت حقارت کی نظر سے دیکھتے ہیں۔ ان کے بارے میں یہ طے کرنا ذرا مشکل ہے کہ ان کی زندگی گھر سے شروع ہوتی ہے یا یونیورسٹی سے، ویسے اگر ان کو یونیورسٹی کی چلتی پھرتی میز کہا جائے تو غالباً بیجا نہ ہو گا۔

چھٹی قسم ہوتی ہے ان طلبا کی جو خیر سے "کھلاڑی" ہوتے ہیں اور اپنے کھیل کے لیے مشہور بھی۔ یہ چوّا، پنجا اور سکسر سے کم بات نہیں کرتے۔ کرکٹ بھی اتنا ہی اچھا کھیلتے ہیں جتنی اچھی کومنٹری سنتے ہیں۔ یہ جتنے پھرتیلے ہوتے ہیں اسی قدر پڑھنے لکھنے میں صاف ہوتے ہیں۔ ان کی زندگی مستقل ایک کھیل کا میدان ہوتی ہے، جس میں یہ برابر

رن بناتے رہتے ہیں۔ یہ کبھی کبھی کلاسوں میں بھی چلے جاتے ہیں مگر صرف میچ کا چیلنج دینے، کھلاڑی تلاش کرنے یا ٹورنامنٹ وغیرہ کے بارے میں طے کرنے۔ دن بھر نہایت شدت کے ساتھ شام کا انتظار کرتے ہیں۔ کھلاڑیوں کے اوپر تبصرے کرتے رہتے ہیں۔ یہ لوگ ٹیم بنا کر کھیلتے ہیں۔ لیکن اگر ٹیم نہ ملے تو اکیلے کھیلنے سے بھی نہیں چوکتے۔ اخبار کا لاسٹ پیج (آخری صفحہ) بہت شوق سے دیکھتے ہیں۔ باقی اخبار اگر ان کا بس چلے تو بند کروا کے دم لیں ورنہ اس کو بھی آخری صفحہ بنا کر چھوڑیں۔ جب یہ لوگ کھیل شروع کرتے ہیں تو اس وقت تک کھیلتے رہتے ہیں جب تک کہ کھیل ختم نہ ہو۔

ساتویں قسم ہوتی ہے ان طلبا کی جن کے اوپر فلمی بھوت سوار رہتا ہے۔ یہ فلم زدہ کہلاتے ہیں اور فلمی مالی خولیا میں مبتلا رہتے ہیں۔ یہ باتیں کرنے میں تشبیہ اور استعارے کے ذریعہ ایکٹریس کے نام مقام ولدیت، سکونت وغیرہ سے کام نکالتے ہیں۔ انہیں اس سے غرض نہیں کہ کلاس میں کیا پڑھایا جارہا ہے۔ مگر یہ آپ کو بتلا دیں گے کہ ان کے گھر میں کون کون کام کر رہا ہے اور آخر کیوں؟ یہ آپ کو بتا دیں گے کہ شان اس پَری وَش کی اور گلوب میں کیا بنیادی فرق ہے جو ہم آپ میں نہیں۔ یہ فلمی پرچے پڑھتے، فلمی معمے بھرتے اور دن دھاڑے ہالی ووڈ کے خواب دیکھا کرتے ہیں۔ فلمی گانے ان کو اس طرح یاد ہوتے ہیں جس طرح ہمیں آپ کو قومی ترانہ یاد ہو۔ یہ ڈایلاگس میں بات کرتے اور پرچھائیوں میں چلتے ہیں۔ غرض کہ ہر وقت یا تو آرٹ کی دنیا میں رہتے ہیں ورنہ بمبئی بھاگ جاتے ہیں۔

طلباء کی آٹھویں قسم ادیب کہلاتی ہے اور شاعری یا افسانہ نگاری کے مرض یا تنقید کے خبط میں مبتلا رہتی ہے۔ یہ آپس میں کچھ اس طرح ملتے ہی لڑنا شروع کر دیتے ہیں کہ بس ایک دوسرے کو کھا ہی جائیں گے۔ مگر چونکہ ان کا غصہ سوڈے کا ابال ہوتا ہے، اس

لیے فوراً ہی ایسا کھل مل کر باتیں کرنا شروع کر دیتے ہیں کہ بیچ بچاؤ کا ارادہ کرنے والا دل ہی دل میں خدا کا شکر بجالائے کہ اچھا ہوا جو بیچ میں نہیں بولے ورنہ خواہ مخواہ شرمندگی اٹھانی پڑتی۔ یہ تو لڑ بھڑ کر پھر ایک ہو گئے۔ ادیب قسم کے طلبا پر ہر وقت خوف طاری رہتا ہے کہ ادب پر جمود طاری ہے اور اس جمود کو خود اپنے اوپر اس طرح طاری کر لیتے ہیں جیسے کوئی کھوسٹ بڑھیا کسی جوانی کا صبر سمیٹ لے۔ ان کا ہاضمہ ہمیشہ بہت خراب رہتا ہے۔

آج کل سارے ادیب تھک چکے ہیں۔ اب ان کے پاس کہنے کے کوئی بات نہیں رہ گئی ہے۔ ادب کو بچائیے۔ سخت خطرے میں ہے۔ تم لوگ لکھو تو میری ذمہ داری کچھ کم ہو۔ گویا ادب کے سارے چھپڑ کو آپ ہی کی ناچیز ہستی کا سہارا روکے ہوئے ہے۔ مگر یہ لوگ اب تبرک ہوتے جا رہے ہیں۔ دیکھیے اس تبرک سے کب محرومی نصیب ہو۔ کچھ حقیر فقیر قسم کے بگڑے دل ادیب خطوط کے جواب میں مدیرانِ رسائل کو متاثر کرنے کے لیے اپنے نام کے بجائے اپنے فرضی سکریٹری کے دستخط کر دیتے ہیں۔ گویا خود اپنے ہی فرضی سکریٹری کی قائم مقامی کرتے ہیں اور خطوط میں ظاہر کرتے ہیں کہ وہ یا تو علیل ہیں یا باہر گئے ہوئے ہیں ورنہ بہت سخت مصروف ہیں۔ میں آپ کا پیغام ان تک پہچانے کی کوشش کروں گا۔ آپ ان کو پڑھ سکتے ہیں۔ ان سے بات نہیں کر سکتے۔ یہ ادب کی زبان میں ادیب کہلاتے ہیں اور ہوتے بھی ہیں بالکل فری اسٹائل۔ انہیں ملک اور قوم کا معمار کہا جاتا ہے۔ جی ہاں جہاں ملک کا پیڑ اکھڑا یا کوئی دیوار گری یہ اپنی کنّی بسولی لے کر اس کی مرمت کے لیے پہنچ جاتے ہیں۔ ان کی کنّی ان کا قلم ہوتا ہے اور روشنائی کو گارے کے طور پر استعمال کرتے ہیں۔ رہ گئی اینٹ کی۔ پتھریلے الفاظ اینٹوں کا کام دیتے ہیں۔ مثال کے۔۔۔ حفظِ ماتقدم، سلسلہ لامتناہی اور فلسفہ۔۔۔ سی طرح کے دوسرے پتھریلے

الفاظ۔۔۔شاندار تعمیر کرتے ہیں کہ تخریب کو پہچاننے میں آسانی ہو جاتی ہے۔

یہ آپ کو گیارہ بجے رات کے بعد گروہ کی شکل میں سڑکوں پر پھرتے نظر آئیں گے۔ پہلے یہ آپ سے بغلگیر ہو کر آپ کی جیبوں کا جغرافیہ معلوم کریں گے۔ اس کے بعد آپ جب ان سے پوچھئے گا کہ کیوں جناب آپ نے فلسفہ طنز پر streptomycin's کی لکھی ہوئی نئی کتاب پڑھی ہے؟ تو یہ آپ کو نا امید کرتے ہوئے جواب دیں گے "ویسے پڑھ تو ڈالی ہے مگر کتاب میں سوائے حوالوں کے اور کچھ نہیں۔" لیکن خدا کے لئے آپ ان سے جل کر یہ نہ کہہ دیجیے گا یہ کتاب "اودھ میڈیکل اسٹور" سے مل سکتی ہے۔

اور وہ لڑکے جو لڑکے نہیں لڑکیاں ہوتے ہیں ان سے ملو۔ کہاں ملنا چاہتے ہو۔ یہ گھروں سے آکر کیلاش ہاسٹل میں رہنے لگتی ہیں جن کے بارے میں یہ ایک عام خیال ہے کہ یہ انہی کے لیے بنایا گیا ہے اور جہاں شاید آپ کو یاد ہو کہ کچھ لڑکوں نے رات کو "پشوپالن وبھاگ" کا بورڈ اس کے دفتر سے اکھاڑ کر جو اس سے ملا ہوا ہے ہوسٹل کے بھاٹک پر لگا دیا تھا اور جس پر ایک آفت مچ گئی تھی اور یار لوگوں کے نام ہو گئے تھے اور تب ہی سے اس ہاسٹل کو "پشوپالن وبھاگ" کا لقب دے دیا گیا جہاں کہ یہ مخلوق پلتی بڑھتی ہے۔ یہ وہاں سے نکل کر کامن روم میں گھس جاتی ہے جس کے بارے میں یہ ایک عام خیال ہے کہ اس کے اندر ان کی نشست و برخاست رہتی ہے اور جس کی چک کی آدھی سے زیادہ تیلیاں ان لوگوں نے خلال کر کر کے ختم کر دیں اور اس طرح تاک جھانک کی ایک نئی راہ پیدا کر لی۔ یہاں سے نکل کر آپ ان کو مختلف درجوں میں سب سے آگے بیٹھا ہوا پا سکتے ہیں۔ ان کو سب سے آگے کیوں بٹھلایا جاتا ہے۔ اس کے بارے میں تجربہ کار پروفیسروں کا خیال ہے کہ کہیں یہ لوگ بھی نہ کلاسیز کٹ کرنے لگیں۔ اس وجہ سے ان کو درجہ میں سب سے آگے بٹھا کر کڑی نظر رکھی جاتی ہے۔ کامن روم کے

سامنے جو گھاس کے میدان ہیں ان میں ان کے جھنڈ اڑتے پھیلتے دکھائی پڑیں گے۔ اگر ان میں کوئی جوان کسی لڑکے سے بات چیت کرتی نظر آئے تو لوگ کہتے ہیں دیکھو اس کو کہتے ہیں "Flirt" یہ سب فلرٹ کرنے والی باتیں ہیں ورنہ یہ سب تو چلتا ہی رہتا ہے۔ یہاں چونکہ تعلیم ساتھ ساتھ دی جاتی ہے اس وجہ سے لڑکیاں لڑکوں سے الگ الگ رہتی ہیں اور اسی لیے مصلحت کا تقاضا ہے کہ یونیورسٹی کے ان لڑکوں کو جو لڑکیاں کہلاتے ہیں، فی الحال بحث سے الگ ہی رکھا جائے تاکہ پڑھنے والوں کا بھلا ہو اور پڑھانے والے بھی خیریت سے رہیں۔

***

دفتر میں نوکری

ہم نے دفتر میں کیوں نوکری کی اور چھوڑی، آج بھی لوگ پوچھتے ہیں مگر پوچھنے والے تو نوکری کرنے سے پہلے بھی پوچھا کرتے تھے۔

"بھئی، آخر تم نوکری کیوں نہیں کرتے؟"

"نوکری ڈھونڈتے نہیں ہو یا ملتی نہیں؟"

"ہاں صاحب، ان دنوں بڑی بے روزگاری ہے۔"

"بھئی، حرام خوری کی بھی حد ہوتی ہے!"

"آخر کب تک گھر بیٹھے ماں باپ کی روٹی توڑو گے۔"

"لو اور سنو، کہتے ہیں، غلامی نہیں کریں گے۔"

"میاں صاحبزادے! برسوں جوتیاں گھسنی پڑیں گی، تب بھی کوئی ضروری نہیں کہ۔۔۔"

غرض کہ صاحب گھر والوں، عزیز رشتے داروں، پڑوسیوں اور دوستوں کے دن رات کے تقاضوں سے تنگ آ کر ہم نے ایک عدد نوکری کرلی۔ نوکری تو کیا کی، گھر بیٹھے بٹھائے اپنی شامت مول لے لی۔ وہی بزرگ جو اٹھتے بیٹھتے بے روزگاری کے طعنوں سے سینہ چھلنی کئے دیتے تھے، اب ایک بالکل نئے انداز سے ہم پر حملہ آور ہوئے؟

"اماں، نوکری کرلی؟ لاحول ولا قوہ!"

"ارے، تم اور نوکری؟"

"ہائے، اچھے بھلے آدمی کو کولھو کے بیل کی طرح دفتر کی کرسی میں جوت دیا گیا۔"

"اگر کچھ کام وام نہیں کرنا تھا تو کوئی کاروبار کرتے اس نوکری میں کیا رکھا ہے۔"

لیکن ملازمت کا پُرسہ اور نوکری پر جانا دونوں کام جاری تھے۔ ایسے حضرات اور خواتین کی بھی کمی نہ تھی جنکی نظروں میں خیر سے ہم اب تک بالکل بے روزگار تھے۔ لہٰذا ان سب کی طرف سے نوکری کی کنویسنگ بھی جاری تھی۔ روزگار کرنے اور روزگار نہ کرنے کا بالکل مفت مشورہ دینے والوں سے نبٹ کر ہم روزانہ دفتر کا ایک چکر لگا آتے۔ یہاں چکر لگانے، کا لفظ میں نے جان بوجھ کر استعمال کیا ہے کیونکہ اب تک ہم کو نوکری مل جانے کے باوجود کام نہیں ملا تھا۔ بڑے صاحب دورے پر گئے ہوئے تھے۔ ان کی واپسی پر یہ طے ہونا تھا کہ ہم کس شعبے میں رکھے جائیں گے۔ دفتر ہم صرف حاضری کے رجسٹر پر دستخط کرنے کی حد تک جاتے تھے۔ فکر اس لیے نہ تھی کہ ہماری تنخواہ جڑ رہی تھی، یعنی پیسے دودھ پی رہے تھے۔ پریشانی اس بات کی تھی کہ اس 'باکار'' بے کاری' کے نتیجے میں ہم کہیں 'حرام خور' نہ ہو جائیں۔

بے روزگاری کے تقاضوں سے ہم اس قدر تنگ آچکے تھے کہ اب کسی پر یہ ظاہر کرنا نہ چاہتے تھے کہ باوجود روزگار سے لگے ہونے کے ہم بالکل بے روزگار ہیں اور بے روزگار بھی ایسے کہ جس سے کار تو کار، بے گار تک نہیں لیا جا رہا ہے۔

روزانہ ہم گھر سے دفتر کے لیے تیار ہو کر نکلے اور راستے میں سائیکل آہستہ کر کے دفتر کے پھاٹک پر کھڑے چپراسی سے پوچھتے، "اماں آیا؟"

جواب ملتا، "ابھی نہیں آیا۔"

اس کے بعد ہم دفتر میں جاکر حاضری لگا الٹے قدموں باہر آتے، سائیکل اٹھاتے اور

شہر کے باہر دیہات، باغوں اور کھیتوں کے چکر لگا لگا کر دل بہلاتے اور وقت کاٹتے۔

لیکن دو چار دن میں، جب دیہات کی سیر سے دل بھر گیا، تو شہر کے نکڑ پر ایک چائے خانے میں اڈا جمایا۔ پھر ایک آدھ ہفتے میں اس سے بھی طبیعت گھبرا گئی۔ اب سوال یہ کہ جائیں تو جائیں کہاں؟ ایک ترکیب سوجھ گئی۔ گھر میں کہہ دیا، چھٹی لے لی ہے۔ دو چار دن بڑے ٹھاٹھ رہے آخر جھک مار کر وہی دفتری آوارہ گردی شروع کر دی۔

اس کے بعد دو ایک دن دفتر میں سوانگ رچایا۔ ایک دن دفتر میں چھٹی کی وجہ یہ بتائی کہ ہمارے افسر ایک مختصر علالت کے بعد آج وفات پا گئے۔ مگر یہ خوش آگیں لمحات بھی مدتِ وصل کی طرح جلد ختم ہو گئے۔ اب کیا کریں۔ اسکول کے زمانے میں ہم نے چھٹی حاصل کرنے کے لیے ایک ایک کر کے تقریباً اپنے پورے خاندان کو موت کے گھاٹ اتار دیا تھا۔

غیر حاضری کا یہ عذر پیش کرتے۔

"دادا جان پر اچانک ڈبل نمونیہ کا حملہ ہوا اور وہ ایک ہی دن میں اللہ کو پیارے ہو گئے۔"

نوبت یہاں تک آ پہنچی کہ ماسٹر صاحب نے بید کھڑکاتے ہوئے کڑک کر پوچھا، "کل کہاں تھے؟"

رونی صورت بنا کر عرض کیا، "والد صاحب کا انتقال ہو گیا۔"

دروغ گو را حافظہ نہ باشد۔

ہم والد مرحوم کی وفات حسرت آیات کی تفصیل میں جانے کے لیے مصائب پر آنے ہی والے تھے کہ ماسٹر صاحب گرجے، "تمہارے والد کا تو پچھلے مہینے انتقال ہو چکا ہے۔"

جلدی سے بات بناتے ہوئے کہا، "ابّا سے مراد بڑے ابّا۔ جنہیں ہم ابّا کہتے تھے۔ ہمارے بڑے ابّا!"

ماسٹر صاحب ہماری اس تازہ ترین یتیمی سے بیحد متاثر ہوئے۔ اس موقع پر تو خیر ہم بالکل بال بال بچ گئے۔ لیکن جب ہم نے اپنی بھاوج کے تیسری بار انتقال کی خبر سنائی تو ماسٹر صاحب کھٹک گئے۔ ہم سے بہ ظاہر رسمی ہمدردی کی مگر شام کو بید لے کر تعزیت کے لیے ہمارے گھر آئے، جہاں ہمارے خاندان کے ہر مرحوم سے انہوں نے ذاتی طور پر ملاقات کرنے کے بعد ہم کو ہمارے گھر نما قبرستان میں بید سے مارتے مارتے زندہ در گور کر دیا۔

چنانچہ اب جو دفتر سے بچنے کے سلسلے میں زمانہ طالب علمی میں چھٹی کے ہتھکنڈوں پر نظر دوڑائی اور طبیعت گدگدائی تو بجائے دفتر جانے کے گھر میں اعلان کر دیا۔

"ڈائرکٹر صاحب کا آج انتقال ہو گیا۔"

رفتہ رفتہ وقت گزاری سے اتنے عاجز آ گئے کہ ایک دن یہ سوچ کر کہ نہ رہے گا بانس اور نہ بجے گی بانسری، استعفیٰ جیب میں رکھ کر دفتر پہنچے لیکن ہماری بدقسمتی ملاحظہ فرمایئے کہ قبل اس کے کہ ہم استعفیٰ پیش کرتے ہمیں یہ خوشخبری سنا دی گئی کہ فلاں شعبے سے ہم کو وابستہ کر دیا گیا ہے، جہاں ہم کو فلاں فلاں کام کرنے ہوں گے۔

اب ہم روزانہ بڑی پابندی سے پورا وقت دفتر میں گزارنے لگے۔ دن دن بھر دفتر کی میز پر جمے ناولیں پڑھتے، چائے پیتے اور اونگھتے رہتے۔

جب ہم اپنے انچارج سے کام کی فرمائش کرتے تو وہ بڑی شفقت سے کہتے ایسی جلدی کیا ہے، عزیزم زندگی بھر کام کرنا ہے۔

ایک دن ہم جیسے ہی دفتر پہنچے تو معلوم ہوا کہ جن ڈائرکٹر صاحب کو ہم اپنے گھر میں

مرحوم قرار دے چکے تھے، وہ ہم کو طلب فرمارہے ہیں۔ فوراً پہنچے۔

بڑے اخلاق سے ملے۔ دیر تک اِدھر ادھر کی باتیں کرنے کے بعد بولے، "اچھا!"

"آپ نے شائد مجھے کسی کام سے یاد فرمایا تھا۔"

"اوہ! ٹھیک ہے۔ سکریٹری صاحب سے مل لیجئے۔ وہ آپ کو سمجھادیں گے۔"

سکریٹری صاحب سے ایک ہفتے بعد کہیں ملاقات ہو سکی۔ انہوں نے اگلے دن بلایا اور بجائے کام بتانے کے ڈپٹی سکریٹری کا پتہ بتادیا۔ موصوف دورے پر تھے۔ دو ہفتے بعد ملے۔ بہت دیر تک دفتری نشیب و فراز سمجھانے کے بعد ہمیں حکم دیا کہ اس موضوع پر اس اس قسم کا ایک مختصر سا مقالہ لکھ لائیے آدھے گھنٹے کے اندر تیار کر دیا۔

خوشی کے مارے ہم پھولے نہ سمائے کہ ہم بھی دنیا میں کسی کام آسکتے ہیں۔ دو صفحے کا مقالہ تیار کرنا تھا جو ہم نے بڑی محنت کے بعد آدھے گھنٹے کے اندر تیار کر دیا۔ موصوف نے مقالہ بہت پسند کیا۔

مزید کام کے لیے ہم انکے کمرے کا رخ کرنے ہی والے تھے کہ اس دفتر کے ایک گھاگ افسر نے ہمارا راستہ روکتے ہوئے ہمیں سمجھایا، بھیّا اپنی نوکری سے ہاتھ دھونا چاہتے ہو یا ہم لوگوں کی نوکریاں ختم کرانا چاہتے ہو؟ آخر تمہارا مطلب کیا ہے؟ جو کام تم کو دیا گیا تھا، اسے کرتے رہو ہم لوگ دفتر میں کام کرنے نہیں بلکہ اپنے آپ کو مصروف رکھنے کے لیے آتے ہیں۔

اگلے دن اتوار کی چھٹی تھی۔ ناشتہ کرتے وقت اخبار کے میگزین سیکشن پر جو نظر دوڑائی تو وہی مقالہ ہمارے ایک صاحب کے صاحب کے صاحب کے صاحب کے نام نامی اور اسم گرامی کے دم چھلّے کے ساتھ بڑے نمایاں طور پر چھپا ہوا نظر آگیا۔

ہمارے حساب سے اب اگلا آدھ گھنٹے کا کام دو تین مہینے کی دوڑ دھوپ کے بعد دفتر

میں مل سکتا تھا، جس پر لعنت بھیجتے ہوئے بجائے دفتر جانے کے ہم نے اپنا استعفیٰ بھیج دیا، جس کو منظور ہونے میں اتنے دن لگے جتنے دن ہم نے دفتر میں کام بھی نہیں کیا تھا۔

شائد آپ پوچھیں کہ ملازمت کرکے ہم نے کیا کھویا اور کیا پایا۔ تو میں عرض کروں گا کہ نوکری کھوئی اور دن میں اونگھنے، سونے اور ناولیں پڑھنے اور وقت گزاری کی عادت پائی۔ ہمیں اور کیا چاہیے؟

※ ※ ※

ستم ایجاد کرکٹ اور میں بیچارہ

میں کرکٹ سے اس لیے بھاگتا ہوں کہ اس میں کھیلنا کم پڑتا ہے اور محنت زیادہ کرنا پڑتی ہے۔ ساری محنت پر اس وقت پانی پھر جاتا ہے جب کھیلنے والی ایک ٹیم ہار جاتی ہے۔ ایمان کی بات ہے کہ ہم نے "سائنس" کو ہمیشہ رشک کی نظروں سے دیکھا مگر کبھی اس مضمون سے دل نہ لگا سکے۔

ہمارا بیان صفائی سننے کے بعد میر صاحب جل کر بولے،

"میاں تمہاری باتوں سے کاہلی کی بو آتی ہے اور تمہارا رجان درونِ خانہ قسم کے کھیلوں کی طرف معلوم ہوتا ہے۔ مگر یہ بتاؤ کہ بھلا کرکٹ کا سائنس سے کیا تعلق ہے۔ کیا بے سر کی بات کہہ دی تم نے؟"

عرض کیا، "کرکٹ کبھی کھیل بھی رہا ہوگا مگر اب تو میر صاحب یہ باقاعدہ ایک سائنس ہے اور سائنس بھی ایسی جس میں ایجاد و تحقیق کرنا آسان مگر ٹسٹ پلیر بننا دشوار۔"

"خوب! خوب! عدم واقفیت کی بھی ایک حد ہوا کرتی ہے۔ کون سا ٹسٹ پلیر عالم فاضل ہے۔ دو چار کو تعلیم سے دور کا تعلق ضرور ہے مگر بس اس حد تک کہ اکثر ابتدائی درجوں میں پاس فیل کی پرواہ کیے بغیر امتحان میں شریک ہو جاتے ہیں۔ بھلا اس کا علم وفضل سے کیا تعلق؟"

"کرکٹ کے کھلاڑی کو اگر دیکھنا ہو تو درجے میں نہیں میدان میں دیکھیے۔"

چمک کر بولے، "میں تو پہلے ہی کہتا تھا۔ بھلے آدمیوں کا کھیل ہے۔"

کہا، "جی بالکل نہیں! انتہائی رئیسانہ کھیل ہے۔"

"مگر بھلے آدمی بھی تو رئیس کہلاتے ہیں۔"

"ایسی بھی کیا رئیسیت کہ چہرہ لہولہان ہو جائے۔ دانت شہید ہو جائیں۔ خیر دانت تو بعد میں ٹوٹیں گے پہلے تو مارے سردی کے بجنے لگیں گے۔ میر صاحب یہ ممکن نہیں کہ اس چلّے کے جاڑے میں اور کھلے میدان میں مجبوراً کھیلنے والے لحاف اوڑھ کر رن بنایا کریں۔"

بولے، "کرکٹ کی گرمی لحاف کی تاب کہاں لاسکتی ہے، پھر اتنے موٹے دستانے پہننے، پیڈ چڑھانے اور گارڈ باندھنے کے بعد سردی کا کیا سوال؟"

کہا، "شکریہ! سردی کا علاج تو آپ نے بتا کر خوف کچھ کم کر دیا لیکن اگر کھیلنے والوں کے پیروں کو نرم و نازک گیند کی سہولت بھی دی جائے تو فرسٹ ایڈ کی زحمت سے بے نیاز ہو کر بہ آسانی کرکٹ کھیلا جاسکتا ہے۔"

مسکراتے ہوئے بولے، "آپ کے خیالات اسپورٹس مین اسپرٹ کے سخت خلاف ہیں ورنہ کھلاڑی تو اس کو کہتے ہیں جو چوٹ کھا کر مسکرائے اور جیتنے والے سے ہاتھ ملائے۔"

"خیر ٹھٹھرانے اور مرنے سے نہیں ڈرتا مگر کھیل کھیل میں جان جانے کے تصور سے ضرور ہاتھ پیر ٹھنڈے ہونے لگتے ہیں۔"

میر صاحب بھلا میری باتوں میں کیا آتے۔ ہم نے بھی غنیمت جانا کہ یہ اس وقت محض کرکٹ کو کھیل منوا رہے ہیں۔ خیریت ہے کہ انہیں یہ نہیں سوجھی کہ کھیل سے

زیادہ ضروری نہانا ہوتا ہے ورنہ کڑکڑاتے جاڑے اور پالے میں ہمیں غسل خانے میں زبردستی بند کر کے اوپر سے اگر ٹھنڈے پانی کے فوارے کھول دیں تو پانی کے پہلے ہی چھینٹے کے ساتھ ہم غسل خانہ میں اکڑ کر تختہ ہو جائیں۔ کرکٹ میں زیادہ سے زیادہ زخمی ہو سکتے ہیں اور بعد میں علاج کر کے اچھے ہو سکتے ہیں۔ لہٰذا نیم رضا مندی کے انداز میں چھیڑتے ہوئے بولے،

"میر صاحب کالرا اور پلیگ کی طرح یہ بھی تو متعدی وبا ہے۔ پھر وبائے عام میں مرنا مرزا غالبؔ نے بھی پسند نہ کیا تھا۔ تو آخر اس خاکسار کو شہید کروا کے آپ کو کیا ملے گا۔"

اتراتے ہوئے بولے، "خیر اگر تعلقات برقرار رکھنا ہیں تو کل ٹھیک دس بجے غریب خانے پر کمنٹری سننے آجایئے۔"

سوچا، کھیلنے سے سننا زیادہ آسان ہو گا۔ لہٰذا فوراً حامی بھر لی۔

دوسرے دن وعدے کے مطابق ٹھیک دس بجے میر صاحب کے یہاں پہنچے تو نقشہ ہی کچھ عجیب نظر آیا۔ ملاقاتی کمرے کی بیچ کی میز پر خاصدان کے بجائے ریڈیو رکھا ہوا تھا اور اس کا مائک کمرے کے باہر سڑک پر لگا ہوا تھا۔ مائک کے نیچے ایک بلیک بورڈ آویزاں تھا۔ میر صاحب ٹرانزسٹر لٹکائے کسی کو ہاتھوں ہاتھ کمرے میں لا کر صوفے پر بٹھاتے، کسی کو کمرے کے باہر فٹ پاتھ پر کھڑے رہنے کا حکم دیتے۔ انتظام کے ساتھ ساتھ باتیں بھی کرتے جاتے۔ ایک صاحب بولے،

"کیوں نہ ہو بھائی! ٹسٹ کا معاملہ ہے۔ خدا کے فضل سے پہلا ٹسٹ ہم جیت چکے ہیں۔ اس بار بھی شان کریمی کے صدقے میں چھکے نہ چھڑوا دیے تو کوئی بات نہ ہوئی۔ اگر محب وطن ہمارے کھلاڑیوں کی کامیابی کے لیے گڑگڑا کر بارگاہِ رب العزت میں دعا مانگیں تو پھر کیا وجہ ہے کہ میدان ہمارے ہاتھ نہ رہے۔ پھر اس میں شرم کی کیا بات ہے۔

دعا تو رستم بھی مقابلے سے پہلے مانگتا تھا، اور غالب بھی آتا تھا۔"

ان کے مخاطب اپنی سفید براق نورانی داڑھی پر ہاتھ پھیرتے ہوئے آمین کہہ کر بولے، "بھائی دو رکعت شکرانہ تو میں نے بھی مانی ہے۔"

ہمارے میر صاحب پر اس وقت باقاعدہ "کرکٹیریا" کے دورے پڑ رہے تھے۔ بندے کا یہ عالم تھا کہ ان سے جس موضوع پر بھی بات کرتا اس کا جواب وہ کرکٹ کی بامحاورہ زبان میں دیتے۔

حضرات علم اور تجربے کے سلسلے میں ایک دوسرے پر رعب جمانے کے لیے اپنی اپنی عمریں ایک دوسرے سے بڑھا چڑھا کر بتا رہے تھے۔ ان میں سے ایک صاحب پوچھ بیٹھے، "میر صاحب آپ تو ان کے ہم عمر ہیں، بھلا بتائیے آپ کی عمر کیا ہو گی؟"

میر صاحب نے کہا، "اگلے ننانوے سال بعد بھی خاکسار ننانوے ناٹ آؤٹ ہی رہے گا۔"

جب بات باپ دادا تک پہنچی تو میر صاحب نے دخل در معقولات کرتے ہوئے کہا، "بھائیو! میرے بڑوں کو کچھ نہ کہو، کیوں کہ ایک نہ ایک دن ہم سبھی کو ملک الموت کے ہاتھوں کیچ ہونا ہے۔"

اس کے بعد بے ثباتی عالم پر تبصرہ کرتے ہوئے بولے، "یہ دنیا ایک ٹسٹ میچ ہے۔ اس کے اوپننگ بیٹس مین بابا آدم اور اماں حوّا تھے۔ اس میچ کی پہلی اننگس چل رہی ہے اور دوسری میدان حشر میں ہو گی۔"

کسی نے پوچھا، "کیا قیامت آنے کے لیے روس اور امریکا میں جنگ ہونا ضروری ہے۔"

بولے، "بالکل! مگر قیامت سے پہلے دونوں میں ایٹمی ٹسٹ میچ ضرور ہو گا۔"

اتنے میں فٹ پاتھ سے نعرے لگنے لگے کہ وقت ہو گیا ریڈیو کھولیے!

ایک صاحب ترکاری کا جھولا لیے کمنٹری سن رہے تھے۔ ان کی باتوں سے معلوم ہوا کہ دفتر سے چھٹی لیے ہوئے ہیں اور ترکاری ابھی خریدی نہیں ہے۔

ایک صاحب زادے بغل میں بستہ دبائے اپنے ماسٹر کے ساتھ کھڑے کمنٹری سن رہے تھے۔ ماسٹر نے چلتے وقت شاگرد رشید سے اسکور پوچھا۔

اس میچ میں ہمارے ایک امریکی دوست مل گئے۔ ساتھ ہی ان کی فرم کے اسسٹنٹ بھی تھے۔ میں نے پوچھا، "آپ انہیں کام کے وقت میں کمنٹری سننے سے نہیں روکتے؟"

وہ بے بسی کے انداز میں بولے، "بھئی کسی کے مذہبی مشاغل میں مخل ہونے کی ذمہ داری کون اپنے سر لے۔"

ہم اپنے کسی دوست کے ساتھ چائے پینے ایک ہوٹل میں پہنچے۔ ہوٹل میں بڑے زور شور سے کمنٹری سنی جا رہی تھی۔ لہذا چائے تو جاتے ہی مل گئی لیکن جگہ آخر تک نہ مل سکی۔ کمنٹری سمجھ میں نہیں آ رہی تھی۔ ریڈیو اور ہوٹل دونوں کی کمنٹری ایک ساتھ چل رہی تھی اور اس قسم کی آوازیں کانوں میں پڑ رہی تھیں،

"دو چائے کارڈلے ٹورنس۔ ایک آملیٹ، چار سلائس ایک کافی ٹوٹل گوزٹو۔ بیس آنے۔ ایک انڈا الگ آؤٹ۔۔۔ وغیرہ۔"

اتنے میں ہوٹل والے نے پوچھا، "کارڈلے اب تک کھیل رہا ہے؟"

"ہاں!"

ہوٹل والے نے غصہ میں آپے سے باہر ہو کر چیختے ہوئے کہا، "اگر کارڈلے اب بھی کھیل رہا ہے تو ریڈیو بند کر دو۔"

اس کے بعد ہوٹل سے نکل کر اپنے غیر ملکی دوست کے ساتھ ان کے دفتر تک گیا۔

دفتر والے برابر فون پر اسکور پوچھ رہے تھے۔

ایک صاحب نے فون کیا، "ہلو۔ ہلو۔"

"یس ریلوے انکوائری۔"

"کیا اسکور ہے۔"

"یہ ریلوے انکوائری ہے بابا۔"

"تو آپ کو اسکور تک نہیں معلوم؟"

"جی بالکل نہیں۔"

"افوہ! حکومت نے بھی کیسے کیسے لوگ رکھ چھوڑے ہیں جو اسکور تک نہیں بتا سکتے۔ بھلا یہ حکومت چل سکتی ہے؟"

مجبوراً ان صاحب نے ٹیلی فون ایکسچینج سے رجوع کیا۔

"ایم۔ سی سی۔ کا اسکور کیا ہے؟"

"۴ وکٹ پر ۱۹۰!"

"اور انگلینڈ کا اسکور؟"

"انگلینڈ ایم سی سی کی ٹیم کا دوسرا نام ہے۔"

تھوڑی دیر بعد پھر فون کیا، "ہلو! اسکور پلیز؟"

نہایت غضب ناک آواز آئی، "ایم سی سی آل آؤٹ۔"

"ہلو! بھلا یہ کیسے ممکن ہے۔ ابھی ابھی تو آپ نے بتایا تھا کہ چار وکٹ گرے ہیں۔"

جواب میں خوف ناک آواز گرجی، "زیادہ پریشان نہ کیجئے۔ آپ نے غلط نمبر ملایا ہے۔"

"اوہ، ویری سوری رانگ نمبر۔"

اس حادثے پر ایک صاحب نے اپنی اسکور پوچھنے کی داستان غم سناتے ہوئے کہا، "میرے اسکور پوچھنے پر جواب آیا۔ اس وقت سارے کھلاڑی سو رہے ہیں اسکور بتانے سے کہیں ان کی آنکھ نہ کھل جائے۔"

"تو کیا اس وقت رات ہے؟"

"جی ہاں، اس وقت رات کے ٹھیک دو بجے ہیں۔"

جھینپ مٹانے کے لیے کہا، "جی شکریہ! دراصل آپ سے اسکور کے بہانے وقت پوچھنا تھا۔"

صاحب اسی طرح جو میں ایک دن دفتر سے گھر پہنچا تو بیگم نے اسکور پوچھا۔ میں نے کہا، "آج بالائی آمدنی میں صرف دس روپے ملے ہیں۔"

اس پر بیگم صاحبہ نے بڑے زور سے ڈانٹا، "میں آمدنی نہیں میچ کا اسکور پوچھ رہی ہوں۔"

چنانچہ جناب اسکور معلوم کرنے کے لیے الٹے پاؤں پنواڑی کی دکان تک جانا پڑا۔ یہ باتیں ہو ہی رہی تھیں کہ ہمارے ایک دوست ٹرانسسٹر لٹکائے ہمارے پاس آ کر بیٹھ گئے۔ اتنے میں آواز آئی، "یہ آل انڈیا ریڈیو ہے۔ اب کمنٹری بند کی جاتی ہے۔"

اور ہم میر صاحب سے دن بھر کا اسکور پوچھے بغیر گھر واپس آ گئے۔

***

احمد جمال پاشا

مکان کی تلاش

ایک آدمی دریا میں ڈوبتے ہوئے چلّا رہا تھا۔
"بچاؤ! بچاؤ!"
ایک شخص دوڑا اور اس سے پوچھا، "تم کہاں رہتے ہو؟"
اس کا پتہ نوٹ کرکے بھاگا لیکن جب اس کے گھر پہنچا تو معلوم ہوا کہ ایک منٹ پہلے نیا کرایہ دار آ چکا ہے۔
آنے والے نے ٹھنڈی سانس بھر کر کہا، "ہو نہ ہو! نیا کرایہ دار وہی شخص ہے جس نے مرحوم کو دریا میں دھکیلا تھا!"
ہم نے یہ ٹریجڈی سُننے کے بعد اپنا سر پیٹ لیا کہ کاش ہم نے مرحوم کو دریا میں دھکیلا ہوتا تو اس وقت وہ نئے کرایہ دار ہم خود ہوتے!
اس کے بعد ہم افتاں و خیزاں مکان کی تلاش میں نکل پڑے۔ راستے میں ایک جنازہ جا رہا تھا۔ ہم نے پوچھا، "یہ کس کا جنازہ ہے؟"
مرنے والے کا نام و پتہ نوٹ کرکے فوراً الاٹمنٹ کے دفتر پہنچے اور درخواست دی۔
"فلاں شخص مر گیا ہے، اُس کا مکان ہمیں الاٹ کر دیا جائے۔"
تھوڑا بہت لے دے کر مکان اپنے نام الاٹ کرا لیا۔ اس کے بعد ہم تقریباً دو درجن تعزیت کرنے والوں کو لے کر پہنچے اور روتے ہوئے پوچھا؛

"مرحوم کس کمرے میں رہتے تھے؟"

کمرہ دیکھنے کے بعد ہم نے کہا، "مرحوم سے مجھے اتنی محبت تھی کہ اب میں جیتے جی یہ جگہ نہیں چھوڑ سکتا!" اور ہم نے وہاں آسن جما دیا۔ لیکن تعزیت کرنے والوں کے جانے کے بعد مرحوم کے پس ماندگان نے ہماری ایک نہ سنی اور زبردستی نکال باہر کیا۔

مرحوم کے دولت خانے سے نکالے جانے کے بعد بھی ہم ہمّت نہ ہارے اور مکان حاصل کرنے کے لیے کچھ کرایہ کی عورتیں تیار کیں پھر انہیں سکھا پڑھا کر چلتا کیا اور پیچھے پیچھے ہم خود چلے۔

یہ عورتیں پیٹھ پر سامان لادے گھر گھر جاکر پوچھتیں۔

"مکان کا کوئی حصہ کرایہ پر مل سکتا ہے؟"

"نہیں!"

اس کے بعد عورتیں سامان رکھ کر بیٹھ گئیں اور بولیں، "پانی پلا دیجئے۔"

پانی پینے کے بعد ستانے کے لیے ٹانگیں پھیلا کر بیٹھ گئیں۔ پھر مچل گئیں۔ "ہم رات یہاں گزار لیں؟"

صبح جب ان سے مکان خالی کرنے کے لیے کہا گیا تو انہوں نے چلانا شروع کیا۔

"تم نے ہمیں آدھا مکان کرایہ پر دیا ہے!"

ان کا شور سُن کر باہر منتظر ہم لوگ اندر آگئے اور وہ شور مچا کہ پولیس آگئی۔ زبردستی مہمان بنے رہنے کے شرف کو برقرار رکھنے کے لیے ہم نے عدالتی چارہ جوئی کی۔ عدالت نے حکم امتناعی جاری کر دیا۔ ایک طرف مقدمہ چلتا رہا اور دوسری طرف ہم مہمان لوگ میزبان کو پریشان کرتے رہے۔ یہاں تک عاجز کیا کہ مجبوراً مکان والے بھاگ کھڑے ہوئے۔ اس سے پہلے کہ مکان پر ہمارا قبضہ ہو جاتا کسی نے مالک مکان کو گھر خالی کرتے دیکھ

کر فوراً الاٹ منٹ کے دفتر کا رُخ کیا اور مکان الاٹ کرا کے ہمیں نکال باہر کیا۔

کہتے ہیں ڈھونڈے سے خدا بھی مل جاتا ہے۔ ضرور مل جاتا ہے لیکن لاکھ لاکھ تلاش کے باوجود مکان نہیں ملتا۔ اسی چکر میں یہ طے کر کے نکلے کہ یا مکان تلاش کر لیں گے ورنہ خود ہی لا پتہ ہو جائیں گے! لیکن ہوا یہ کہ نہ مکان مل سکا اور نہ خود جیتے جی لامکاں ہو سکے! لیکن ہر مکان کو خالی سمجھ کر اس پر لپکنے کے چکر میں کئی بار پولیس کے ہتھے چڑھتے چڑھتے ضرور بچے!

جب سارے شہر میں ایک بھی "ٹولٹ" کا بورڈ نہ ملا اور نہ کسی نے بتایا کہ کسی کا کوئی مکان کہیں خالی ہے تو ہم نے اخباروں اور رسالوں میں "مکان چاہیے، مکان!" کے اشتہار نکلوائے۔ احباب کو دھمکی دی کہ اگر مکان نہ ملا تو مع سامان کے تمہارے یہاں دھرنا دیں گے لیکن اس طرح مکان یا اس کا اتہ پتہ تو نہ ملا البتہ دوستوں کی بھیڑ ضرور چھٹ گئی۔

جب ہم کسی خالی مکان میں تالا لگا دیکھتے تو اس خیال کے تحت اسکے چکّر لگانے لگتے کہ یہ ضرور خالی ہوگا! جس سے پاس پڑوس والوں کو شک ہونے لگتا کہ کہیں ان کا ارادہ قفل شکنی کا تو نہیں؟

لیکن یہاں قفل شکنی تو کُجا کسی کی دل شکنی بھی نہیں کر سکتے اور اسی مروت کے مارے آج مکان کی تلاش میں زمین کا گز بنے ہوئے ہیں۔

ہوا یہ کہ جس مکان میں ہم رہتے تھے اس کے مالک نے ہمیں بڑے سبز باغ دکھائے کہ "اگر ہم کچھ دن کے لیے کہیں اور چلے جائیں تو وہ اس ٹوٹے ہوئے مکان کو توڑ کر نئی بلڈنگ کھڑی کر دیں گے، جس میں ہمیں بجلی اور پانی کے پائپ وغیرہ کی خاص سہولتیں بالکل مفت حاصل ہوں گی۔" ہم نے ان کی باتوں میں آ کر اپنے دوست خاں صاحب کے یہاں ڈیرا جمایا۔ مالک مکان نے مکان بنوانے کی بجائے اسی کھنڈر کا پیشگی

کرایہ اور پگڑی لے کر ایک نیا کرایہ دار بسالیا جبھی سے ہم مکان ڈھونڈتے اور خاں صاحب سے آنکھیں چراتے پھرتے ہیں۔

ہمارے ایک دوست جو مکان تلاش کرنے میں ہماری کافی مدد کر رہے تھے سخت بیمار پڑ گئے۔ ہم نے بہت جی لگا کر ان کی تیمار داری کی تا کہ وہ جلد از جلد اچھے ہو کر ہمارے لئے مکان ڈھونڈ سکیں لیکن جوں جوں ان کا علاج کیا، حالت بگڑتی گئی۔ یہاں تک کہ آخر ان کا انتقال ہو گیا۔ ہم نے اپنے دوست کا کفن دفن اور تیجہ، چالیسواں اس خیال سے کر دیا کہ پگڑی اور پیشگی کرایہ نہیں دیا، مرحوم کی آخری رسوم ادا کر دیں اور ہم مرحوم کے مکان منتقل ہو گئے لیکن ابھی ہم نے اچھی طرح سامان بھی نہ جمایا تھا کہ پولیس نے ہمیں نکال باہر کیا، کیونکہ مرحوم کے پس ماندگان نے مکان اپنے نام الاٹ کرا لیا تھا۔

اس بار خاں صاحب نے بھی ہمیں پناہ نہ دی۔ مجبوراً ہم نے سامان اسٹیشن کے لگیج روم میں جمع کروایا اور پلیٹ فارم پر رات کو سونے کے ساتھ ساتھ دن کو مکان کی تلاش کا سلسلہ جاری رکھا۔ اس تلاش کے باوجود کچھ دنوں میں گھر تو نہ ملا لیکن ایک عدد گھر والی ضرور مل گئی۔ جس کی وجہ سے رات بسر کرنے کے لیے کرایہ پر رات میں "رین بسیرے" میں جگہ مل جاتی۔ لیکن مکان کے بارے میں ہماری مایوسی یہاں تک بڑھ گئی کہ ہم سوچنے لگے، کیوں نہ ہم دونوں کوئی ایسا جرم کر ڈالیں کہ ہمیں جیل ہو جائے اور اس طرح رہنے کا سہارا ہو جائے۔

مکان نہ ملنے کی صورت میں ہم نے یہاں تک کوشش کی کہ مکان نہ سہی ایک کمرہ یا کوٹھری ہی مل جائے لیکن گولر کے پھول کی طرح وہ بھی نہ ملی۔ ہم نے اپنے دوستوں اور رشتے داروں پر ہر ہر طرح سے زور دیا لیکن کوئی بھی "ہاں، ہوں" یا زبانی ہمدردی سے آگے نہ بڑھا۔ رفتہ رفتہ ہمارا یہ عالم ہو گیا کہ ہم محل اور کوٹھی بنگلے کا کیا ذکر، کسی غریب کی

جھونپڑی، فٹ پاتھ یا سایہ دار درخت دیکھ لیتے تو ہماری رال ٹپکنے لگتی اور چلتے پھرتے فٹ پاتھ پر چھپر چھانے کے امکانات پر غور کرنے لگے۔

جب کسی کا کوئی آسرا نہ رہا تو ہم خود مکان کی تلاش میں نکلے۔ ایک دن ایک مخبر نے سراغ دیا کہ فلاں محلے کی فلاں گلی میں فلاں مکان کا ایک حصہ کرایہ کے لیے خالی ہے۔

مکان جا کر دیکھا۔ مکان تو کیا مکان کا نام تھا جس کی چھت آسمان اور دیواریں سرسبز تھیں۔ گھنٹوں آوازیں دینے پر ایک بڑے میاں اندر سے برآمد ہوئے۔ بولے، "مکان تو مل جائے گا لیکن اس شرط پر کہ پہلے اسے بنوانا پڑے گا!"

ہم نے کہا، "ٹھیک ہے، پہلے اس کا نقشہ بنوا کر منظور کروالیں۔"

اس کے بعد ہم وہاں سے سر پر پیر رکھ کر بھاگ نکلے۔

ایک اور مکان کا پتہ لگا۔ اس میں سے ایک برخوردار برآمد ہوئے اور پوچھا، "کیا بیچتے ہو؟"

عرض کیا، "مکان خریدنے نہیں کرایہ پر لینے آئے ہیں۔"

یہ سُن کر وہ اپنے بڑے بھائی کو بلا لائے۔ ان کے بڑے بھائی نے ہماری تعلیم، مالی اور خاندانی حالت اور ہماری باتوں اور عادتوں کے بارے میں سیکڑوں باتیں پوچھ ڈالیں۔

اس کے بعد پوچھا، "آپ بچوں کو پڑھا سکتے ہیں؟"

عرض کیا، "اس سے پہلے کبھی نہیں پڑھایا۔"

"کھانا پکانا آتا ہے؟"

"یہی تو ایک شوق ہے ہمیں۔ جب سے ہمارا باورچی بھاگا ہے تب سے ہم نے باورچی رکھنا ہی چھوڑ دیا۔"

"شادی ہوگئی؟"

"جی ہاں!"

"پھر خواہ مخواہ دیواریں کالی کروانے سے فائدہ؟"

یہاں سے جو چلتے کئے گئے تو ایک اور مالک مکان کے پاس پہنچے۔ انہوں نے اپنے ایک مقدمہ کی پوری مثل ہمیں سنانے کے بعد ہم سے قانونی مشورہ لیا۔ اس کے بعد بولے، "باپ رے باپ! ہم اتنے قانونی آدمی کو اپنا مکان نہیں دے سکتے۔ مسٹر چلتے پھرتے نظر آیئے! چلتے پھرتے!"

دوسری جگہ جب قسمت آزمائی کے لیے پہنچے تو انہوں نے ہمیں اپنی مکمل کلیات سنادی۔ ان کا کلام سنتے سنتے ہم بے ہوش ہوگئے۔ جب ہم ہوش میں آئے اور موقع غنیمت پاکر عرض مدعا کیا، تو بولے، "کسی نے آپ کو بہکادیا، بھلا شاعر اور مکان؟ میں خود دن رات مشاعروں میں رہتا ہوں۔ مکان وکان میرے پاس کہاں؟"

ایک گلی میں ہم نے جاکر مکان کے سلسلے میں اتنی آوازیں (مکان ہے مکان؟) لگائیں کہ کسی دل جلے بہرے نے تنگ آکر اوپر سے ہمارے اوپر ایک بالٹی پانی پھینک دیا۔ اب جو ہم وہاں سے چوہا ہوکر بھاگے اور اوپر والوں نے چور! چور! کا نعرہ بلند کیا تو آگے آگے ہم پیچھے پیچھے محلہ کے لونڈوں اور گلی کے کتّوں نے تالیاں بجا بجاکر اور بھونک بھونک کر ہمیں دوڑالیا۔ پھر جو ہم بے تحاشا بھاگے تو ایک صاحب سے ٹکراتے ٹکراتے بچے۔ انہوں نے، "یا وحشت؟" کہہ کر ہمیں پکڑ لیا اور بولے، "خیریت؟"

عرض کیا، "مکان!"

"بجلی بنانا جانتے ہو؟"

"جانتے ہیں!"

اس کے بعد انہوں نے ہم سے فیوز وغیرہ بنوانے کے بعد کہا، "وہ سامنے والا کمرہ

آپ کو مل سکتا ہے لیکن ہر ماہ پیشگی سو روپے دینا ہوں گے۔"

ہم نے کرایہ کی پروانہ کرتے ہوئے جاکر کمرے کا معائنہ کیا تو معلوم ہوا کہ محض ایک تنگ و تاریک کوٹھری ہے جس میں صرف پنجوں کے بل داخل ہوا جا سکتا ہے۔ ہم داخل ہوتے ہی مکڑی کے جالوں اور گرد و غبار میں اَٹ گئے۔ نہ دروازہ، نہ روشن دان، کچھ بھی نہ تھا۔ بولے،

"آپ اس میں آجائیے، ہم اپنی بکریاں کہیں اور باندھ دیا کریں گے۔" چلتے وقت انہوں نے پوچھا، "آپ کی شادی ہو گئی۔"

عرض کیا، "نہیں!"

وہ گرجے، "اگر شادی نہیں ہوئی ہے تو کوئی اور مکان دیکھئے۔ یہ گھر ہے کوئی سرائے نہیں۔"

پھر نکالے جانے کے بعد ایک قبر رسیدہ بزرگ کے پاس پہنچے اور کہا، "سُنا ہے آپ کے یہاں مکان خالی ہے؟"

انہوں نے جُگالی کرتے ہوئے پوچھا، "کھانے میں آپ کو کیا کیا پسند ہے؟"

عرض کیا، "جو مل جائے!"

بولے، "ہم لوکی کھاتے ہیں۔"

"ہم بھی آج تک لوکی کھاتے آئے ہیں۔"

"مجھے بٹیر اور مقدمہ لڑانے کا شوق ہے۔"

"اپنا بھی یہی شوق ہے!"

انہوں نے ہمیں گلے لگاتے ہوئے کہا، "بس ہم ایسا ہی آدمی چاہتے تھے جو ہمارے ساتھ رہے اور لوکی کھائے۔"

مکان ڈھونڈے کے بارے میں ہماری اتنی معلومات ہیں کہ راہ چلتوں، دوستوں اور رشتہ داروں کی چال ڈھال اور بات چیت سے اندازہ لگا لیتے ہیں کہ یہ ایک مکان کی تلاش میں ہیں۔ اخباروں میں اس قسم کے اشتہار اور خبریں نظروں سے گزریں۔ مثلاً ایک خبر تھی؛

"کیا واقعی آپ کو مکان کی بہت سخت ضرورت ہے؟ اگر آپ مکان کے بارے میں بہت سنجیدہ ہیں تو لگے ہاتھوں ایک مکان ہمارے لئے بھی تلاش کر ڈالیے۔ مکان تلاش کر کے ہلچل مچادیں۔" وہ تصویر میں مکان دیکھ کر اس طرح مسکرا رہا تھا جیسے زمین دیکھ کر کولمبس پہلی بار مسکرایا تھا۔

اکثر احباب جو پرلے سرے کے بے فکرے تھے اور جن کے ساتھ گپ شپ میں بآسانی وقت کٹ جاتا تھا، اچانک غائب ہو گئے اور اتنا زمانہ گزر گیا کہ ہم انہیں بھول گئے لیکن پھر اچانک ایک طویل مدت کے بعد مع مکان کے بر آمد ہوئے۔

ایک شادی میں گئے۔ دعوت کے بعد دولہا کو جا کر مبارکبادی۔ دولہا نے سہرے میں سے چاند سا مکھڑا نکال کر مسکراتے ہوئے کہا،

"ہاں صاحب! نہ مکان ملتا، نہ ہم سب کو جمع ہونے کا موقع ملتا۔"

گویا یہ سب کچھ شادی نہیں، مکان ملنے کا ہنگامہ تھا جس کا سہرا ان کے سر باندھا گیا تھا۔

ایک انٹرویو میں کئی سو افراد نے شرکت کی۔ بعد میں معلوم ہوا کہ کسی صاحب کے پاس ایک فاضل کوٹھری نکل آئی تھی۔ انہوں نے آمدنی میں اضافے کے خیال سے اسے کرایہ پر اٹھانے کا اشتہار دیا تھا۔ جس کے نتیجے میں ان کے پاس ہزاروں درخواستیں آگئیں۔ وہ غریب بھلے آدمیوں کا انٹرویو لیتے جاتے اور سر پیٹتے جاتے کہ "کس کس سے

جھوٹ بولیں اور کس کس سے تعلقات خراب کریں۔"

اکثر دوست "ہالی ڈے موڈ" میں نظر آئے۔ پوچھنے پر معلوم ہوا کہ آج کل مکان تلاش کر رہے ہیں۔ جب تک مکان سے چھٹی نہ مل جائے دفتر سے چھٹی رہے گی۔

مکان تلاش کرنے کے سلسلے میں خود ہماری حالت سب سے پتلی تھی اس لئے "ٹیبل ٹاک" کے دوران ہمیشہ گھما پھرا کر گفتگو کا رخ اس پہلو کی جانب لا کر نہایت گمبھیر آواز میں کہتے، "صاحب مکان تو بہت ہی سیر یس پرابلم بنتا جارہا ہے!"

اور لوگ "ہاں صاحب! ہاں صاحب!" کہہ کر اس پر روشنی ڈالنے لگتے۔ لوگ پوچھتے بھی کہ "بھئی کیا کر رہے ہو؟"

کہتے، "مکان تلاش کر رہے ہیں۔"

اس مکان تلاش کرنے کی وجہ سے وہ پیسہ جو اب تک ہم اپنے گھر والوں کے علاج معالجہ میں حکیم ڈاکٹروں پر صرف کرتے تھے، اب بڑی فیاضی کے ساتھ مکان تلاش کرنے والوں پر خرچ کر رہے تھے۔ دوست اور دلال مکان کا وعدہ اتنے زور شور سے کرتے کہ ہم ان سے کہہ کر شرمندہ ہوتے اور ان کے خلوص کے آگے ہمارا سر جھک جاتا۔ بار بار اپنے محسنوں کو ٹوکتے خود اچھا نہ لگتا بلکہ اکثر کو تو ٹوکنے سے پہلے ہی اپنے غم میں برابر کا شریک پایا لیکن ایسے لوگوں کا ساتھ رکھنا خطرے سے خالی نہ تھا کہ اگر کہیں مکان ملتا بھی ہو تو بیچ سے نہ اچک لے جائیں۔ تعلقات تو تھوڑے سے نشیب و فراز کے بعد سب ہی سے استوار ہو جاتے ہیں لیکن نادر موقع زندگی میں بار بار نہیں آتا۔

اکثر ایسے مکان بالکل بس ملتے ملتے رہ گئے جس کے بارے میں کبھی پتہ نہ لگ سکا کہ اس میں مکانیت کیا ہے۔ یہ کہاں سے شروع ہوتا ہے اور کہاں ختم ہوتا ہے۔ ایسے مکانوں میں تلاش کے باوجود ہمیں زمین و آسمان کے علاوہ کچھ نظر نہ آیا۔

ہمارے ایک بے تکلف دوست ایک دن راستے میں ہم سے کترا کر نکلنے لگے۔ ہمیں انہیں یوں کچھ لے جاتے دیکھ کر شک ہوا۔ ہو نہ ہو! ضرور ہم سے چھپا مٹھائی لیے جا رہے ہیں اور ہم سے بچ کر نکل جانا چاہتے ہیں۔ جب دوستی کے درمیان سے بے تکلفی کا پردہ اٹھ جائے تو جیب میں ہاتھ ڈال دینا عین محبت سمجھی جاتی ہے لیکن انہوں نے ہمارے اصرار کے باوجود جیب میں ہاتھ نہ ڈالنے دیا۔ ہم نے کہا، "ہم بھی کھائیں گے!"

کہنے لگے، "کھانے میں نہیں ہے۔"

پوچھا، "سونگھنے میں سہی! لیکن ہم اس وقت بلا سونگھے ہرگز نہ مانیں گے۔"

بولے، "پریشان نہ کرو۔"

اتنے میں ہمارا ہاتھ ان کی جیب کی گہرائیوں میں پہنچ کر کسی سخت چیز سے ٹکرایا۔ ہم نے کہا، "یہ اکیلے اکیلے اڑانے کے لئے حلوہ سوہن لئے جا رہے ہو؟"

بولے، "نہیں مانتے۔ اچھا تمہاری ضد سہی!" یہ کہہ کر انہوں نے شرماتے ہوئے جیب سے وہ سے نکالی۔ ہمارے منہ سے بے ساختہ نکلا،

"ارے یہ تو اینٹ ہے! بھلا اس کا کیا کرو گے؟"

انہوں نے فخر سے سر بلند کر کے کہا، "جب مکان نہ ملا تو اب مکان بنوانے کا ارادہ ہے۔ اس کے لئے ابھی مٹیریل جمع کرنا شروع کر دیا ہے۔"

مکان کا تذکرہ انہوں نے کچھ اس انداز سے کیا جیسے ان کے گھر میں خوشی ہونے کے آثار ہوں۔ معصومیت ان کے چہرے پر کھیل رہی تھی۔ بس وہ دن ہے اور آج کا دن! قسم لے لیجئے جو ہم نے کبھی مکان تلاش کرنے کا نام بھی لیا ہو!

* * *